Mindermann

Internes Rechnungswesen in Fällen

Bibliografische Information der Deutschen Bibliothek:
Die Deutsche Bibliothek verzeichnet diese Publikation in der
Deutschen Nationalbibliografie; detaillierte bibliografische Daten
sind im Internet unter http://dnb.ddb.de abrufbar.

© 2024 Torsten Mindermann
Verlag: BoD · Books on Demand GmbH, In de Tarpen 42,
22848 Norderstedt
Druck: Libri Plureos GmbH, Friedensallee 273, 22763 Hamburg
ISBN: 978-3-7693-1731-2

Vorwort

Dieses Buch richtet sich an Studierende und Praktiker, die ihre Kenntnisse im internen Rechnungswesen durch Übungsaufgaben vertiefen möchten. Um ein angemessenes Niveau zu gewährleisten, wurden als Übungsaufgaben größtenteils ehemalige Aufgaben aus dem Wirtschaftsprüferexamen gewählt, die der Verfasser während seiner Bahnfahrten gelöst hat. Aus diesem Grund gilt ein besonderer Dank der Deutsche Bahn AG, die dem Verfasser sehr, sehr viele Bahnfahrtstunden geschenkt hat, für die der Verfasser eigentlich gar nicht bezahlt hatte.

Meinen Kolleginnen und Kollegen am Lehrstuhl, Frau Dr. Vanessa Kummer, Herrn Dipl.-Kfm. Jan Ossenkopp und Frau Ines Rommel, danke ich nicht nur für die kollegiale Zusammenarbeit, sondern auch für das Korrekturlesen und die gründliche Überprüfung der Lösungshinweise. Sollten sich dennoch Fehler eingeschlichen haben, gehen diese selbstverständlich ausschließlich zu Lasten des Verfassers.

Zu Dank verpflichtet bin ich ebenfalls unseren studentischen Hilfskräften, Frau Sasia Hänchen und Herrn Robert Tiedt, die mir viele kleine, lästige, aber dennoch wichtige Arbeiten abgenommen haben.

Greifswald, im November 2024   Torsten Mindermann

Inhaltsverzeichnis

1 Fälle zur Kosten- und Leistungs- rechnung

Fall 1: Innerbetriebliche Leistungsverrechnung

a) Beschreiben Sie die Problemstellung der „innerbetrieblichen Leistungsverrechnung" und erläutern Sie die Methodik der gängigen Verfahren.

b) Das Modeunternehmen Brause fertigt Strickmützen. Das Unternehmen wurde aus Gründen der Übersichtlichkeit in 6 Kostenstellen aufgeteilt. Die primären Kostenstellenkosten sowie die gegenseitigen Leistungsbeziehungen sehen wie folgt aus:

	Hilf 1	Hilf 2	Hilf 3	Näherei	Verwaltung	Vertrieb
Hilf 1		25 %		15 %	20 %	40 %
Hilf 2				80 %	10 %	10 %
Hilf 3	15 %	20 %		35 %	20 %	10 %
Primäre Kosten in €	2.000	3.000	4.000	20.000	5.000	7.000

Führen Sie die innerbetriebliche Leistungsverrechnung mit Hilfe des Treppenverfahrens durch.

Lösungshinweise

Teilaufgabe a):

Die innerbetriebliche Leistungsverrechnung (= Sekundärkostenrechnung) wird erforderlich, weil der Betrieb nicht nur Leistungen für den Markt (Absatzleistungen, Außenaufträge), sondern auch für den eigenen Betrieb erbringt. Sind diese nicht aktivierbar, werden sie also in der Periode ihrer Erstellung verbraucht, wie z. B. eigene Reparaturarbeiten, selbsterzeugte Energie, Forschungs- und Entwicklungsarbeiten, innerbetriebliche Transportleistungen, so muss eine Verrechnung zwischen den leistenden Kostenstellen, also den Vorkostenstellen (Allgemeine Kostenstellen sowie Hilfskostenstellen (HiKSt)) und den empfangenden Kostenstellen (Endkostenstellen) erfolgen. Die primären Kosten der Vorkostenstellen müssen also durch den Ansatz innerbetrieblicher Verrechnungspreise als sekundäre Kosten auf die Endkostenstellen umgelegt werden. Dem Verursachungsprinzip kann nur dann entsprochen werden, wenn Leistungsabgabe und Leistungsempfang eindeutig gemessen werden. Anderenfalls muss man Umlageschlüssel verwenden, die jedoch immer nur zu Näherungslösungen – unabhängig vom Genauigkeitsgrad des zugrundeliegenden Verfahrens – führen. Die Ermittlung der Verrechnungspreise kann je nach Rechnungszweck auf Basis von Ist-Kosten, Standard-Verrechnungspreisen (ggf. im Sinne von Normalkosten), Plankostensätzen oder von Marktpreisen (im Sinne von Opportunitätskosten bzw. -erlösen) vorgenommen werden.

Die **gängigsten Verfahren** sind:

- Anbauverfahren: Die Einzel- und Gemeinkosten der HiKSt werden durch die an Hauptkostenstellen abgegebenen Leistungen dividiert. Die Verteilung auf die Hauptkostenstellen erfolgt dann durch Multiplikation der Kosten pro Leistungseinheit mit der Zahl der auf die jeweiligen Hauptkostenstellen entfallenden Leistungseinheiten. Etwaige Leistungsbeziehungen zwischen den HiKSt bleiben aufgrund der Praktikabilität vollständig unberücksichtigt, so dass dieses Verfahren nur ungenaue Ergebnisse liefern kann.

- Stufenleiterverfahren (= Treppenverfahren): Auch dieses sukzessive Verfahren ist ein Näherungsverfahren. Die Interdependenz des innerbetrieblichen Leistungsaustausches wird in der Weise berücksichtigt, dass zunächst die HiKSt in eine Rangfolge gebracht werden, bei der die vorwiegend Leistungen abgebenden Stellen zuerst und die hauptsächlich Leistungen empfangenden Stellen nachfolgend angeordnet werden. Es werden dann die Gemeinkosten der abzurechnenden HiKSt auf die jeweils nachgelagerten HiKSt umgelegt und somit sukzessive weiterverrechnet. Ziel dieses Vorgehens ist die Minimierung des auch in diesem Verfahren steckenden Fehlers der Nichtbeachtung wechselseitiger Leistungsverflechtungen der HiKSt.

- Gleichungsverfahren (= Simultanverfahren, Mathematisches Verfahren): Diese Verfahren lösen das Problem der wechselseitigen Leistungsverflechtung der HiKSt mathematisch exakt mit Hilfe eines Systems linearer Gleichungen, deren Anzahl gleich der Anzahl der betroffenen HiKSt sein muss. Die Variablen des Systems repräsentieren die gesuchten Verrechnungssätze. Wenn die Informationen im Hinblick auf die Leistungsverflechtungen zwischen den HiKSt mit hinreichender Genauigkeit ermittelt werden können, ist das Verfahren auf Basis vorhandener Software auch praktikabel. Der Nutzen aus der erhöhten Genauigkeit der Rechnung muss jedoch mit den zusätzlichen Informationskosten abgewogen werden.

- Iteratives Verfahren (sukzessives Näherungsverfahren): Mit Hilfe dieses Verfahrens werden die Verrechnungspreise für innerbetriebliche Leistungen durch einen iterativen Prozess bestimmt. In jeder Stufe des Iterationsprozesses wird eine vollständige ILV durchgeführt. Die daraus resultierenden Verrechnungspreise nähern sich von Stufe zu Stufe dem rechnerisch korrekten Preis an, der sich auch bei Verwendung des Gleichungsverfahrens ergeben würde. Für das Verfahren ist charakteristisch, dass zunächst eine (beliebige) Startlösung gewählt wird. Diese Lösung wird im weiteren Verlauf (Iteration) mit Hilfe eines relativ einfachen Vorgehens verbessert. Die Berechnungen können beendet werden, sobald eine ausreichende Annäherung an die exakte Lösung erzielt wird. Vor allem das Iterative Verfahren wird angewandt, um die ILV auf EDV-Basis durchzuführen. Beispielsweise wird es im Modul Controlling (CO) der Standardsoftware SAP R/3® eingesetzt.

Teilaufgabe b):

Zunächst sind die Hilfskostenstellen in eine geeignete Reihenfolge zu bringen: Dabei ist zu beachten, dass Hilf 3 Leistungen an alle andere Hilfskostenstellen abgibt, aber keine Leistungen von diesen empfängt; während Hilf 2 keine Leistungen an andere Hilfskostenstelle abgibt, aber von jeder Hilfskostenstelle Leistungen empfängt. Daher lautet die Reihenfolge: Hilf 3, Hilf 1, Hilf 2.

	Hilf 3	Hilf 1	Hilf 2	Näherei	Verwal-tung	Vertrieb
Hilf 3		15 %	20 %	35 %	20 %	10 %
Hilf 1			25 %	15 %	20 %	40 %
Hilf 2				80 %	10 %	10 %

Die primären Kosten von Hilf 3, Hilf 1 und Hilf 2 sind gemäß der gegebenen Leistungsbeziehungen auf die nachfolgenden Kostenstellen zu verrechnen:

	Hilf 3	Hilf 1	Hilf 2	Näherei	Verwal-tung	Vertrieb
Pri-märe Kosten	4.000	2.000	3.000	20.000	5.000	7.000
Umlage der Hilfs-kosten-stellen	⇘	600	800	1.400	800	400
		2.600				
		⇘	650	390	520	1.040
			4.450			
			⇘	3.560	445	445
Ge-samt-kosten				25.350	6.765	8.885

Fall 2: Innerbetriebliche Leistungsverrechnung

In einem Industrieunternehmen gibt es zwei Hilfskostenstellen, die sich gegenseitig beliefern.

* Bei der ersten Hilfskostenstelle handelt es sich um eine Reparaturabteilung. Dort sind im vergangenen Monat primäre Gemeinkosten in Höhe von 116.000 € angefallen. Die Zahl der geleisteten Reparaturstunden belief sich auf 3.000.

* Die zweite Hilfskostenstelle stellt Transportleistungen zur Verfügung. Die primären Gemeinkosten beliefen sich auf 50.000 €, wobei insgesamt 42.500 Fahrkilometer geleistet worden sind.

Die Reparaturabteilung musste im vergangenen Monat 2.400 Stunden für den Fuhrpark arbeiten und nahm im Gegenzug 8.500 Fahrkilometer der Transportabteilung in Anspruch.

Berechnen Sie die Kosten einer Reparaturstunde sowie die Kosten für einen Fahrkilometer unter Verwendung dieser Leistungsbeziehungen.

Lösungshinweise

Die Kosten einer Kostenstelle bestehen aus den primären Gemeinkosten und den sekundären Gemeinkosten, den Kosten, die der Stelle wegen der Inanspruchnahme von Leistungen der anderen Stelle zuzurechnen sind. Diese Gesamtkosten der Stelle entsprechen dem Wert ihrer Gesamtleistung.

Für die Reparaturabteilung gilt:

$$3.000 \cdot k_R = \text{primäre Gemeinkosten} + 8.500 \cdot k_F \; ;$$

$$3.000 \cdot k_R = 116.000 + 8.500 \cdot k_F \; .$$

Für die Transportabteilung ergibt sich analog:

$$42.500 \cdot k_F = \text{primäre Gemeinkosten} + 2.400 \cdot k_R \; ;$$

$$42.500 \cdot k_F = 50.000 + 2.400 \cdot k_R \; .$$

Ein naheliegender Weg zur Lösung des Gleichungssystems ist, die Gleichung für die Transportabteilung mit 1,25 zu multiplizieren; man erhält:

$$53.125 \cdot k_F = 62.500 + 3.000 \cdot k_R \; .$$

Ersetzt man nun $3.000 \cdot k_R$ gemäß Gleichung für die Reparaturabteilung, so folgt:

$$53.125 \cdot k_F = 62.500 + 116.000 + 8.500 \cdot k_F \; ;$$

$$k_F = 4 \; .$$

Über die Gleichung für die Reparaturabteilung erhält man

$$k_R = 50 \; .$$

Eine Reparaturstunde kostet 50€, ein Fahrkilometer 4€.

Fall 3: Innerbetriebliche Leistungsverrechnung

Ein Unternehmen verfügt über die Hilfskostenstellen Strom, Wasser und Reparatur sowie die Hauptkostenstellen Material, Fertigung und Vertrieb mit den nachstehenden Daten zu den primären Gemeinkosten sowie den Leistungsaufnahmen anderer Kostenstellen:

Hilfskostenstellen			
	Strom	Wasser	Reparatur
Primäre Gemeinkosten (in EUR)	1.500	3.000	5.000
Stromverbrauch (in kWh)	10	10	100
Wasserverbrauch (in m^3)	100	10	200
Reparaturleistungen (in h)	0	0	30

Gesamtleistung der Hilfskostenstellen		
Stromproduktion	Wasserproduktion	Reparaturleistungen
10.000 kWh	2.320 m^3	180 h

Hauptkostenstellen				
		Material	Fertigung	Vertrieb
Einzelkosten (in EUR)		40.000	26.000	0
Primäre Gemein-kosten (in EUR)		4.500	5.500	1.500
Inanspruchnahme	Stromverbrauch (in kWh)	880	7.000	2.000
	Wasserverbrauch (in m^3)	0	2.000	10
	Reparaturleistun-gen (in h)	30	100	20

Schließlich setzt das Unternehmen 100 Stück seines Produktes zum Stückpreis von 1.000 EUR ab. Beantworten Sie auf Grundlage dieser Angaben die folgenden Fragen:

a) Stellen Sie das Gleichungssystem zur Bestimmung der Verrechnungssätze für die Hilfskostenstellen auf!

b) Bestimmen Sie die Verrechnungssätze durch Lösen des Gleichungssystems aus a)!

c) Legen Sie die Kosten der Hilfskostenstellen auf die Hauptkostenstellen um und bestimmen Sie deren Gesamtkosten!

d) Bestimmen Sie den (kurzfristigen) Erfolg des Unternehmens, d.h. das Betriebsergebnis!

Lösungshinweise

Teilaufgabe a):

I $1.500 + 10k_1 + 100k_2$ $= 10.000 \cdot k_1$

II $3.000 + 10k_1 + 10k_2$ $= 2.320 \cdot k_2$

III $5.000 + 100k_1 + 200k_2 + 30k_3$ $= 180 \cdot k_3$

Teilaufgabe b):

I $1.500 + 100k_2$ $= 9.990 \cdot k_1$

II $3.000 + 10k_1$ $= 2.310 \cdot k_2$

III $5.000 + 100k_1 + 200k_2$ $= 150 \cdot k_3$

I k_2 $= 99{,}9k_1 - 15$

II k_1 $= 231k_2 - 300$

Einsetzen von $k_2 = 99{,}9 \cdot k_1 - 15$ in II:

II $k_1 = 231 \cdot [99{,}9k_1 - 15] - 300$

    $k_1 = 0{,}16315723330401 \approx 0{,}16316$

Einsetzen von $k_1 = 0{,}16315723330401$ in I:

I $k_2 = 99{,}9 \times [0{,}16315723330401] - 15$

    $k_2 = 1{,}29940760707058 \approx 1{,}29941$

Einsetzen von $k_1 = 0{,}16315723330401$ und $k_2 = 1{,}29940760707058$ in III:

III $5.000 + 100 \times [0{,}16315723330401] + 200 \times [1{,}29940760707058]$

    $= 150k_3$

    $k_3 = 35{,}1746482982968 \approx 35{,}17465$

Teilaufgabe c):

<u>Material:</u>

40.000 + 4.500 + 880 × [0,16316] + 30 × [35,17465]   = 45.698,82

<u>Fertigung:</u>

26.000 + 5.500 + 7.000 × [0,16316] + 2.000 × [1,29941]

+ 100 × [35,17465]   = 38.758,38

<u>Vertrieb:</u>

1.500 + 2.000 × [0,16316] + 10 × [1,29941]

+ 20 × [35,17465]   = <u>2.542,80</u>

Gesamt: **87.000,00**

Teilaufgabe d):

Betriebsergebnis = 100 ×1.000 - 87.000 = 13.000

Fall 4: Zuschlagskalkulation

In einem mittelständischen Unternehmen werden in einem Unternehmensbereich zwei Produktarten (P1 und P2) gefertigt, für die eine Kostenträgerrechnung durchzuführen ist. Die Produkte durchlaufen zwei Fertigungsstellen F1 und F2, daneben sind eine Materialstelle, eine Verwaltungsstelle und eine Vertriebsstelle relevant. Diesen Endkostenstellen sind nach der innerbetrieblichen Leistungsverrechnung die folgenden Gemeinkosten zugerechnet worden:

Materialstelle:	36.000 €
Fertigungsstelle 1:	84.000 €
Fertigungsstelle 2:	72.000 €
Verwaltungsstelle:	92.550 €
Vertriebsstelle:	61.700 €

In einer Periode wurden jeweils 1.000 Mengeneinheiten (ME) von P1 und P2 hergestellt und auch ausgeliefert. Dabei fielen die folgenden direkt den Produkten zuordenbare Kosten (Einzelkosten) an:

- Materialeinzelkosten (für die eingesetzten Rohstoffe):

   135,- €/ME bei P1 und 105,- €/ME bei P2

- Fertigungseinzelkosten (Fertigungslöhne) in Fertigungskostenstelle 1:

   75,- €/ME bei P1 und 30,- €/ME bei P2

- Fertigungseinzelkosten (Fertigungslöhne) in Fertigungskostenstelle 2:

   44,- €/ME bei P1 und 36,- €/ME bei P2

Ausgehend von diesen Werten sowie den oben angegebenen Gemeinkosten wurde für die beiden Produktarten P1 und P2 eine differenzierende Zuschlagskalkulation durchgeführt, um deren Herstellkosten und Selbstkosten pro Stück zu ermitteln. Die Resultate der Kalkulation zeigt die nachfolgende Tabelle.

	P1	P2
Materialeinzelkosten [€/ME]	135,00	105,00
Materialgemeinkosten [€/ME] (15 % der der Materialeinzelkosten)	20,25	15,75
Materialkosten [€/ME]	155,25	120,75
Fertigungseinzelkosten F1 [€/ME]	75,00	30,00
Fertigungsgemeinkosten F1 [€/ME] (80 % der Fertigungseinzelkosten F1)	60,00	24,00
Fertigungseinzelkosten F2 [€/ME]	44,00	36,00
Fertigungsgemeinkosten F2 [€/ME] (90 % der Fertigungseinzelkosten F1)	39,60	32,40
Fertigungskosten	218,60	122,40
Herstellkosten	373,85	243,15
Verwaltungsgemeinkosten [€/ME] (15 % der Herstellkosten)	56,08	36,47
Vertriebsgemeinkosten [€/ME] (10 % der Herstellkosten)	37,39	24,32
Selbstkosten [€/ME]	467,31	303,94

a) Beschreiben Sie zunächst verbal, wie die verschiedenen Bereiche der Kostenrechnung – Kostenarten-, Kostenstellen- und Kostenträgerrechnung – zusammenwirken.

b) Erläutern Sie mittels geeigneter Zahlenwerte und Rechnungen das Zustandekommen der bei der Kalkulation verwendeten Zuschlagsätze am Beispiel der Fertigungsgemeinkosten der Stelle F1 sowie der Verwaltungsgemeinkosten.

c) Beurteilen Sie die Aussagekraft der Ergebnisse einer differenzierenden Zuschlagskalkulation. Wodurch kann diese gemindert werden?

d) Es soll nun die Kalkulation der Kosten der Fertigungsstelle 1 überdacht werden. Dort werden die Gemeinkosten primär durch den Maschineneinsatz verursacht. Daher wird untersucht, welche Kosten direkt im Zusammenhang mit der Anschaffung und Nutzung der Maschinen entstehen. Der entsprechende Betrag beläuft sich in der betrachteten Periode auf 71.400 €. Danach wird analysiert, in welchem Ausmaß die beiden Kostenträger die Maschinen bean-spruchen. Dabei erfolgt eine vereinfachende Zusammenfassung der Kapazität der verschiedenen Maschinen und ihrer Nutzung. Es zeigt sich, dass bei einer Gesamtmaschinenlaufzeit von 400 Stunden das Produkt P1 die Maschinen mit 10 Minuten/ME bean-sprucht, P2 mit 14 Minuten/ME.

Außerdem werden auch logistische Vorgänge näher betrachtet. Deren Untersuchung führt zu Veränderungen in der Kostenstellen- und der Kostenträgerrechnung. In der Kostenstellenrechnung wird erstens in der Materialstelle die Bezugsgröße „Anzahl der Waren-annahmen/Einlagerungen (WE)" eingeführt und für diesen Vor-gang ein Kostensatz von 30,- €/WE bei insgesamt 400 Warenan-nahmen/Einlagerungen ermittelt. Zweitens wird die Fertigungs-stelle F2 in eine Logistikkostenstelle (für innerbetriebliche Trans-porte) sowie eine Fertigungskostenstelle (weiter mit F2 bezeichnet) aufgespalten. In der Logistikkostenstelle wird ein Verrechnungs-satz für die logistische Leistung „Innerbetriebliches Transportieren" von 30 €/h berechnet, es sind insgesamt 900 Transportstunden an-gefallen. Ausgehend von diesen Veränderungen werden folgende produktbezogene Informationen gesammelt:

- Der Bedarf an Warenannahmen/Einlagerungen beträgt 180 bei P1 und 220 bei P2.

- Innerbetriebliche Transportleistungen werden im Umfang von 0,4 h/ME bei P1 und 0,5 h/ME bei P2 benötigt.

Führen Sie nun eine erneute Kalkulation der Produkte P1 und P2 durch, in der Sie auch die zusätzlichen Informationen zur Maschi-nennutzung und zu den logistischen Vorgängen berücksichtigen. Verrechnen Sie dabei die Gemeinkosten so weit wie möglich über Bezugsgrößen, die restlichen Gemeinkosten der betroffenen Kos-tenstellen über Zuschlagsätze.

Vergleichen Sie die Ergebnisse mit denen der oben dargestellten Kalkulation und erläutern Sie die Unterschiede.

Lösungshinweise

Teilaufgabe a):

Die Kostenartenrechnung dient der vollständigen Erfassung und Kategorisierung aller im Laufe der jeweiligen Periode angefallenen Kosten. Die Kosten werden nach Verbrauchsgesichtspunkten (z.b. Personal- oder Materialkosten), nach funktionaler Entstehung (Beschaffungs-, Produktions-, Verwaltungskosten), nach der Zurechenbarkeit auf Kalkulationsobjekte (Einzel- und Gemeinkosten) oder nach Beschäftigungsgrad (fixe oder variable Kosten) für einen bestimmten Zeitraum erfasst. Auf Basis der Kostenartenrechnung werden die Kostenstellen- und Kostenträgerrechnung durchgeführt. Die Fragestellung der Kostenartenrechnung lautet also: Welche Kosten sind angefallen?

In der Kostenstellenrechnung werden dann die Kosten auf die Kostenstellen verteilt, in denen sie angefallen sind. Die Verteilung der Kosten auf die Orte der Entstehung, ist notwendig, um die Leistungsbeziehungen innerhalb der Unternehmung darzustellen (innerbetriebliche Leistungsverrechnung) und die Kontrolle der Wirtschaftlichkeit an den Stellen durchzuführen, an denen die Kosten zu verantworten und zu beeinflussen sind. Hierdurch wird die Genauigkeit der Kalkulation erhöht. Die Fragestellung der Kostenstellenrechnung lautet: Wo sind welche Kosten (und in welcher Höhe) angefallen?

Die Kostenträgerrechnung hat die Aufgabe, für alle erstellten Produkte und Dienstleistungen (Kostenträger) die Stückkosten (Herstellkosten bzw. Selbstkosten) zu ermitteln. Dabei verrechnet die Kostenträgerstückrechnung die Einzelkosten direkt und alle Gemeinkosten indirekt, d.h. mit Hilfe der in der Kostenstellenrechnung ermittelten Kalkulationssätze, auf die Produkte. Mit Hilfe der Kostenträgerzeitrechnung lässt sich der Betriebserfolg einer Periode ermitteln. Die Fragestellung der Kostenträgerrechnung lautet: Wofür sind welche Kosten in welcher Höhe (pro Stück) angefallen?

Teilaufgabe b):

Bei der Zuschlagskalkulation werden die Gemeinkosten mittels eines Gemeinkostenzuschlagssatzes den entsprechenden Einzelkosten zugerechnet. Da bei der in der Aufgabenstellung abgebildeten Kalkulation für unterschiedliche Arten von Gemeinkosten **unterschiedlich** Zuschlagsätze verwendet werden, handelt es sich um eine differenzierende Zuschlagskalkulation.

Beispiel Fertigungsgemeinkosten der Stelle F 1 und Verwaltungsgemeinkosten:

$$FGK_{F1} = \frac{\text{Gemeinkosten F1}}{\text{Einzelkosten F1}} = \frac{84.000}{75 \times 1.000 + 30 \times 1.000} = 0,8 = 80\%$$

$$VerwaltungsGK_{F1} = \frac{\text{Gemeinkosten Verwaltung}}{\text{Herstellkosten}}$$

$$= \frac{56,08 \times 1.000 + 36,47 \times 1.000}{373,85 \times 1.000 + 243,15 \times 1.000} = \frac{92.550}{617.000} = 0,15 = 15\%$$

Teilaufgabe c):

Bei der differenzierenden Zuschlagskalkulation erfolgt die Verteilung der Gemeinkosten auf Ebene der Kostenstellen, nach jeweils spezifischen Schlüsseln. D.h. die Bezugsgrößen sind nach Kostenstellenbereichen differenziert. Dabei werden nur solche Bezugsgrößen verwendet, die in einer möglichst engen Beziehung zur Gemeinkostenentwicklung stehen. Jedes Produkt soll nach dem Verursachungsprinzip nur mit den Kosten belastet werden, die es tatsächlich verursacht hat. Problematisch ist hierbei, dass ein proportionales Verhältnis zwischen Gemeinkosten und Einzelkosten unterstellt wird, was nicht der Reälität entspricht. Es wird gewissermaßen unterstellt, dass die Einzelkosten die Gemeinkosten verursachen. Dies widerspricht dem Verursachungsprinzip.

Teilaufgabe d):

	P1 [€/Stück]	P2 [€/Stück]
MEK (135 × 1.000 + 105 × 1.000) = 240.000	135	105
MGK		
- WE (Warenannahmen/Ein-lagerungen) (30 × 400) = 12.000	5,4 (30 × 180/1.000)	6,6 (30 × 220/1.000)
- Restliche GK (36.000 – 12.000)/240.000 = **10%**	13,50 (135 × 0,1)	10,50 (105 × 0,1)
Materialkosten	153,90	122,10
FEK F1 (75 × 1.000 + 30 × 1.000) = 105.000	75	30
FGK		
- Maschinenabhängig 71.400/(400 × 60) = 2,975 €/min	29,75 (10 × 2,975)	41,65 (14 × 2,975)
- Restliche GK (84.000 – 71.400)/(105.000) = **12%**	9 (0,12 × 75)	3,60 (0,12 × 30)
FEK 2 (44 × 1.000 + 36 × 1.000) = 80.000	44	36
- GK Logistik (12 × 1.000 + 15 × 1.000) = 27.000	12 (30 × 0,4)	15 (30 × 0,5)
- FGK F2 (72.000 – 27.000)/80.000 = 56,25%	24,75 (0,5625 × 44)	20,25 (0,5625 × 36)
Fertigungskosten	194,50	146,50
Herstellkosten	348,4	268,60
Verwaltungsgemeinkosten (15%)	52,26 (0,15 × 348,4)	40,29 (0,15 × 268,60)
Vertriebsgemeinkosten (10%)	34,84 (0,1 × 348,4)	26,86 (0,1 × 268,6)
Selbstkosten	435,50	335,75

Da die alten Selbstkosten von P1 i.H.v. 467,32 größer sind als die neuen Selbstkosten von P1 i.H.v. 435,50, erweisen sich bei genauerer (neuer) Kalkulation die Selbstkosten von P1 als ursprünglich zu hoch. Umgekehrt verhält es sich bei P2.

Fall 5: Zuschlagskalkulation

Die Kummer KG fertigt die drei verschiedenen Endproduktarten A, B und C. Innerhalb eines Abrechnungszeitraumes sind für die einzelnen Produktarten die folgenden Fertigungsmaterial- und Fertigungslohnkosten angefallen (Angaben in €):

Produktart	A	B	C
Fertigungsmaterialkosten	92.000	76.300	12.075
Fertigungslohnkosten Dreherei	4.374	4.374	4.374
Fertigungslohnkosten Fräserei	3.400	3.505	9.120

Des Weiteren sind die folgenden Kostenträgergemeinkosten bekannt (Angaben in €):

Materialgemeinkosten	16.370
Fertigungsgemeinkosten Dreherei	40.635
Fertigungsgemeinkosten Fräserei	35.275
Verwaltungsgemeinkosten	32.080
Vertriebsgemeinkosten	19.000

Ermitteln Sie die Selbstkosten der einzelnen Produktarten mit Hilfe der (differenzierenden) Zuschlagskalkulation.

19

Lösungshinweise

Für die drei Endproduktarten A, B und C lassen sich mit Hilfe der (differenzierenden) Zuschlagskalkulation folgende Selbstkosten ermitteln (Angaben in €):

Produktart	A	B	C
Fertigungsmaterialkosten (FMK)	92.000	76.300	12.075
Materialgemeinkosten (MGK) (Schlüsselung gem. FMK)	8.350	6.925	1.095
Fertigungslohnkosten Dreherei (FLK$_D$)	4.374	4.374	4.374
Fertigungsgemeinkosten Dreherei (Schlüsselung gem FGK$_D$)	13.545	13.545	13.545
Fertigungslohnkosten Fräserei (FLK$_F$)	3.400	3.505	9.120
Fertigungsgemeinkosten Fräserei (Schlüsselung gem. FLK$_F$)	7.484	7.715	20.076
Herstellkosten (HK)	129.153	131.382	70.488
Verwaltungs- und Vertriebsgemeinkosten (Schlüsselung gem. HK)	21.859	19.018	10.203
Selbstkosten	**151.012**	**131.382**	**70.488**

Fall 6: Zuschlags- und Maschinenstundensatzkalkulation

Bei einer Großkonditorei sind in der letzten Periode drei hochwertige Hochzeitstortensorten hergestellt worden. Hierfür sind Gemeinkosten in Höhe von 45.000 Euro angefallen. Für die einzelnen Produkte gilt zudem (MEK = Materialeinzelkosten, FEK = Fertigungseinzelkosten):

	Schwarzwälder Kirschtorte	Birnentorte	Joghurttorte
Anzahl Torten	400	1.000	500
MEK (pro Torte)	12 Euro	14 Euro	15 Euro
FEK (pro Torte)	10 Euro	12 Euro	13 Euro

Berechnen Sie unter Verwendung der summarischen Zuschlagskalkulation die Zuschlagssätze (auf die zweite Nachkommastelle genau gerundet) und die Herstellkosten der Produkte (je Torte und insgesamt) unter alternativer Verwendung

a) der Materialeinzelkosten (MEK).

b) der Fertigungseinzelkosten (FEK).

c) Gehen Sie nun davon aus, dass zusätzlich eine Maschine für die Herstellung der Torten benötigt wird, für die folgende Kosten angefallen sind:

• Jährliche Abschreibungen: 10.000 Euro

• Monatliche Versicherung: 500 Euro

• Jährliche Werkzeugkosten: 5.200 Euro

• Jährliche Energiekosten: 10.000 Euro

• Monatliche Kosten für Betriebsstoffe: 200 Euro

• 210 Arbeitstage zu 8 Arbeitsstunden je Tag

Berechnen Sie unter Nutzung dieser Kosteninformationen und der Annahme, dass eine Joghurttorte obige Einzelkosten, 6 Minuten Bearbeitungszeit in der Maschine sowie nicht-aggregatsabhängige Gemeinkosten in Höhe von 10 Euro pro Torte verursacht, die Herstellkosten für die Joghurttorte pro Torte.

Lösungshinweise

Teilaufgabe a):

Summarische Zuschlagskalkulation unter Verwendung der MEK:

Summe Gemeinkosten = 45.000 €

Summe MEK = 12 €/St × 400 St + 14 €/St × 1.000 St
+15 €/St × 500 St
= 26.300 €

Zugschlagsatz (MEK) = 45.000 €/26.300 € = 1,71 (= 171%)

	Schwarzwälder K.	Birnentorte	Joghurttorte
MEK pro Torte	12 €	14 €	15 €
FEK pro Torte	10 €	12 €	13 €
GK-Zuschlag Auf Basis der MEK	(12 € ×1,71) 20,52 €	(14 € ×1,71) 23,94 €	(15 € ×1,71) 25,65 €
HK pro Torte	42,52 €	49,94 €	53,65 €
HK gesamt	(400 St×42,52 €/St) 17.008,00 €	(1.000 St × 49,94 €/St) 49.940,00 €	(500 St×53,65 €/St) 26.825,00 €

Teilaufgabe b):

Summarische Zuschlagskalkulation unter Verwendung der FEK:

Summe Gemeinkosten = 45.000 €

Summe FEK = 10 €/St × 400 St + 12 €/St × 1.000 St
+13 €/St × 500 St
= 22.500 €

Zugschlagsatz (FEK) = 45.000 €/22.500 € = 2,00 (= 200%)

	Schwarzwälder K.	Birnentorte	Joghurttorte
MEK pro Torte	12 €	14 €	15 €
FEK pro Torte	10 €	12 €	13 €
GK-Zuschlag Auf Basis der FEK	(10 € ×2,00) 20 €	(12 € ×2,00) 24 €	(13 € × 2,00) 26 €
HK pro Torte	42 €	50 €	54 €
HK gesamt	(400 St × 42 €/St) 16.800 €	(1.000 St × 50 €/St) 50.000 €	(500 St × 54 €/St) 27.000 €

Teilaufgabe c):

Bestimmung der Maschinenkosten pro Jahr:

jährliche AfA		10.000 €
+ monatliche Versicherung	500 € × 12	6.000 €
+ jährliche Werkzeugkosten		5.200 €
+ jährliche Energiekosten		10.000 €
+ monatliche Kosten für BS	200 € × 12	2.400 €
= jährliche Kosten		33.600 €

Maschinenstunden (h) im Jahr = 210 × 8h = 1.680 h

Maschinenstundensatz = 33.600 €/1.680 h = 20 €/h

Maschinenbeanspruchung (min) =6 min

Maschinenbeanspruchung (h) = 6/60 =0,1h

HK Joghurttorte = 15 € + 13 € +10 € + 0,1h × 20 €/h = 40 €

23

Fall 7: Kuppelkalkulation

In einem Unternehmen der chemischen Industrie findet eine Kuppel-produktion statt. Hier fallen in einer Periode nicht direkt zurechenbare Kosten in Höhe von 60.000 Euro für den Ausgangsstoff der Kuppel-produktion an. Es werden fünf Produkte A, B, C, D und E hergestellt. A und B sind dabei die Hauptprodukte. Produkt A generiert insgesamt Erlöse in Höhe von 35.000 Euro, B in Höhe von 17.500 Euro, C in Höhe von 6.000 Euro und D in Höhe von 3.500 Euro. E ist ein Abfall-produkt. Es muss kostenpflichtig vernichtet werden. Diese Vernich-tung kostet 1.000 Euro. C muss zudem erst veredelt werden. Diese Veredelung führt zu zusätzlichen Kosten von insgesamt 500 Euro.

Wie hoch sind die Kosten für die Hauptprodukte und wie hoch sind ihre Gewinne? Greifen Sie zur Kalkulation in geeigneter Weise auf die Marktwert- und Restwertmethode zurück. Runden Sie die Kosten auf Euro-Beträge.

Lösungshinweise

Gemäß der Restwertmethode werden zunächst die Kosten für die Hauptprodukte ermittelt, d.h. man subtrahiert von den insgesamt angefallenen Kosten (Kosten der Kuppelproduktion zuzüglich Vernichtungskosten) die Erlöse bzw. Erlösüberschüsse für die Nebenprodukte und sieht den verbleibenden Rest als Kosten der Hauptproduktes an.

Kosten Kuppelprozess	60.000 €
+ Vernichtungskosten E	1.000 €
= Kosten gesamt	**61.000 €**
- Erlösüberschuss C	(6.000 € - 500 € =) 5.500 €
- Erlöse D	3.500 €
= Kosten für alle Hauptprodukte	**52.000 €**

Anschließend werden die verbleibenden Kosten anteilig im Verhältnis der jeweiligen Erlöse auf die Kuppelprodukte geschlüsselt (Marktwertrechnung).

Anteil Hauptprodukt A = 35.000 €/(35.000 €+ 17.500 €) = 66,67%

Anteil Hauptprodukt B = 17.500 €/(35.000 €+ 17.500 €) = 33,33%

Kosten Hauptprodukt A = 52.000 € × 66,67% = 34.667 €

Kosten Hauptprodukt B = 52.000 € × 33,33% = 17.333 €

Gewinn Hauptprodukt A = 35.000 € - 34.667 € = 333 €

Gewinn Hauptprodukt B = 17.500 € - 17.333 € = 167 €

Fall 8: Prozesskostenrechnung

a) Beschreiben und erläutern Sie kurz Konzept, Zielsetzung, Vorgehensweise sowie wesentliche Vor- und Nachteile der Prozesskostenrechnung.

b) Die Alpin GmbH ist ein erfolgreicher Skihersteller aus Süddeutschland. Zu den Hauptprodukten gehören die beiden Skimodelle „El Cheapo" und „Alpin Elite". „El Cheapo" richtet sich dabei hauptsächlich an den preisbewussten Skifahrer, während „Alpin Elite" das kleine, aber wachsende Premiumsegment im Skisport bedienen soll. Die Controlling-Abteilung hat die folgende Kostenübersicht für die Fertigung ermittelt.

		El Cheapo	Alpin Elite
Materialeinzelkosten	*EUR pro Stück*	50	60
Fertigungseinzelkosten	*EUR pro Stück*	200	200
Fertigungsgemeinkosten	*EUR pro Stück*	30	30
Absatzmenge	*Stück*	100.000	15.000
Verkaufspreis	*EUR pro Stück*	300	350

Beide Produkte werden mit der gleichen Maschine hergestellt. Pro Stunde können 10 Paar Ski gefertigt werden. Die Fertigungszeit dient als Basis für die Schlüsselung der Gemeinkosten.

Berechnen Sie die Stückgewinne und Bruttomargen je Produkt nach der traditionellen Zuschlagskalkulation. Die Gemeinkosten werden dabei vollständig nach Fertigungszeit geschlüsselt. Welches Produkt ist profitabler?

c) Im November geht der Abteilungsleiter Controlling in den Ruhestand. Sein Nachfolger beschließt, nun auf die Prozesskostenrechnung umzusteigen, um die Produktkosten genauer abzubilden. Nach einigen Gesprächen mit weiteren Abteilungsleitern sind die folgenden Prozesse und Kostentreiber identifiziert worden:

Prozess	Kostentreiber	Prozesskosten (gesamt)
Maschineneinrichtung	Einrichtungsstunden	4.000.000
Produktionsplan	Produktionslauf	2.000.000
Materialbeschaffung	Anzahl Bestellungen	900.000
		6.900.000

Außerdem sind bereits folgende Informationen für das geplante Produktionsprogramm des nächsten Jahres verfügbar:

Kostentreiber	El Cheapo	Alpin Elite
Einrichtungsstunden (pro Durchlauf)	2	8
Anzahl Produktionsläufe	100	75
Anzahl Bestellungen	100	15

Dabei geht das Unternehmen weiterhin von einer Produktion von 100.000 „El Cheapo"- und 15.000 „Alpin Elite"-Modellen aus.

Berechnen Sie die Kostentreiberraten für die angegebenen Prozesse.

d) Die Vertriebsabteilung konnte zwei weitere Aufträge gewinnen. Die Fertigung und Lieferung von 1.000 Paaren „Alpin Elite" zum Preis von 330.000 EUR so-wie die Lieferung von 10.000 Paaren „El Cheapo" zum Preis von 2.800.000 EUR. Berechnen Sie den Gewinn je Auftrag mit der Prozesskostenrechnung. Gehen Sie davon aus, dass die Relationen der Kostentreiber je Auftrag strukturell denen des Basisprogramms entsprechen. Sollten die Aufträge angenommen werden?

Lösungshinweise

Teilaufgabe a):

Konzept:

Ausrichtung der Gemeinkostenverteilung an den Unternehmensprozessen.

Zielsetzung:

- Verbesserte Planung, Steuerung und Kontrolle der Gemeinkosten, insb. auch in den indirekten Leistungsbereichen auf Basis von Prozessanalysen zur Identifizierung von Kostentreibern.
- Erhöhte Transparenz und verbesserte Beeinflussbarkeit der Kosten i. S. eines strategischen Kostenmanagements.
- Fundierung strategischer Entscheidungen, insb. langfristige Preispolitik.
- Gestaltung des Absatz- und Leistungsprogramms: insb. optimale Anzahl von Produktvarianten.

Vorgehensweise:

Für jede Kostenstelle werden die relevanten Prozesse ermittelt. Zunächst werden im Rahmen einer Tätigkeitsanalyse einzelne Aktivitäten zu Teilprozessen verdichtet, anschließend werden diese zu Hauptprozessen zusammengefasst. Für jeden Prozess werden die Kostenverursacher ermittelt. Es werden leistungsmengeninduzierte (lmi) und leistungsmengenneutrale Prozesse (lmn) unterschieden. Der Prozesskostensatz umfasst die durchschnittlichen Kosten für einen Prozessdurchlauf.

Vorteile:

- Einbeziehung von nicht unmittelbar beschäftigungsbezogenen Kostenstellentreibern.
- Transparenz von Ursache-Wirkungsbeziehungen zwischen Kostenstellentreibern und Kostenhöhe.
- Bessere Kostenkontrolle durch Bildung kostenstellübergreifender Prozesse.
- Verbesserte mittel- bis langfristige Planung.

Nachteile:

- Vollkostencharakter der Prozesskostenkostenrechnung, somit kommt es zur Fixkostenproportionalisierung in den Imi-Prozesskostensätzen.
- Fehlende Differenzierung in (beschäftigungs-) fixe und variable Kosten.
- Schlüsselung der Imn-Prozesskosten, diese werden weiterhin proportionalisiert.
- Aufwendige Implementierung aufgrund der Tätigkeits- und Prozessanalyse.

Teilaufgabe b):

Stückgewinne und Bruttomargen nach traditioneller Zuschlagskalkulation

	El Cheapo	Alpin Elite
MEK EUR pro Stück	50	60
FEK EUR pro Stück	200	200
FGK EUR pro Stück	30	30
Stückkosten	**280**	**290**
Verkaufspreis EUR pro Stück	300	350
Stückkosten	280	290
Gewinn pro Stück	**20**	**60**
Gewinn pro Stück	20	60
Verkaufspreis EUR pro Stück	300	350
Bruttomarge	**6,67%**	**17,14%**

Die Bruttomarge des „Alpin Elite"-Skis ist deutlich größer und damit profitabler.

Teilaufgabe c):

Kostentreiberraten

Kostentreiber	Planprozessmengen	Kostentreiberrate (lmi-Prozesskostensatz)
Maschineneinrichtung	2 × 100 + 8 × 75 = **800**	4.000.000/800 = **5.000,00**
Produktionsplan	100 + 75 = **175**	2.000.000/175 = **11.428,57**
Materialbeschaffung	100 + 15 = **115**	900.000/115 = **7.826,09**

Teilaufgabe d):

Kalkulation Zusatzaufträge

Berechnung der Planprozessmengen:

El Cheapo

Anzahl Produktionsläufe = 10.000/100.000 × 100 = 10

Anzahl Einrichtungsstunden = 10 × 2 = 20

Anzahl Bestellungen = 10.000/100.000 × 100 = 10

Alpin Elite

Anzahl Produktionsläufe = 1.000/15.000 × 75 = 5

Anzahl Einrichtungsstunden = 5 × 8 = 40

Anzahl Bestellungen = 1.000/15.000 × 15 = 1

	El Cheapo	Alpin Elite
Erlöse	280 × 10.000 = 2.800.000	330 × 1.000 = 330.000
MEK	50 × 10.000 = 500.000,00	60 × 1.000 = 60.000,00
FEK	200× 10.000 = 2.000.000,00	200 × 1.000 = 200.000,00
PK Produktionsplan	10 × 11.428,57 = 114.285,71	5 × 11.428,5 = 57.142,86
PK Maschineneinrichtung	20 × 5.000 = 100.000,00	40 × 5.000 = 200.000,00
PK Materialbeschaffung	10 × 7.826,09 = 78.260,87	1 × 7.826,09 = 7.826,09
Herstellkosten	2.792.546,58	524.968,94
Gewinn	7.453,42	-194.969,94

Da der Zusatzauftrag insgesamt einen Verlust in Höhe von 187.515,52 € erwirtschaftet, sollte er nicht angenommen werden.

Fall 9: Prozesskostenrechnung

Die Windowdoor GmbH erzeugt aus Kunststoffgranulat Fensterrahmen und Kunststoffrahmen für Balkontüren. Zur Zeit herrscht allerdings am Markt ein sehr großer Konkurrenzdruck. Daher sind weder Preis- noch Mengensteigerungen möglich, und die Geschäftsleitung versucht, zumindest die Kosten besser in den Griff zu bekommen, um so Gewinnsteigerungen zu erzielen. Bisher praktizierte das Unternehmen eine Zuschlagskalkulation, überlegt nun aber, eine Prozesskostenrechnung einzuführen. Der zuständige Kostenstellenleiter hat schon einmal einige Kostentreiber ermittelt. Die Daten sind in folgender Tabelle aufgeführt.

Kostenart	Kostentreiber	Fenster	Türen	Gesamtkosten
Fertigungsmaterial	Materialmenge (kg/Stück)	1	3	23.800
Materialgemeinkosten	Anzahl Lagerbewegungen	6	6	3.000
Fertigung	Fertigungsstunden (je Stück)	1	3	13.600
	Maschinenstunden (je Stück)	2	5	17.800
	Rüstvorgänge	4	6	3.680
Verwaltung/Vertrieb	Anzahl Bestellungen	25	30	5.000

	Fenster	Türen
Produktmenge = Absatzmenge	500	60
Verkaufspreis	120	330

a)   Ermitteln Sie die Selbstkosten je Fenster und je Tür mit einer Zuschlagskalkulation mit den typischen Bezugsgrößen Fertigungsmaterial, Fertigungslöhne und Herstellkosten.

b) Ermitteln Sie die Selbstkosten je Fenster und je Tür mit einer Prozesskostenrechnung.

c) Führen Sie auf der Grundlage Ihrer Resultate in a) und b) eine Ergebnisrechnung durch, und diskutieren Sie in zwei bis drei Sätzen, wie die Vorteilhaftigkeit der einzelnen Produkte bei der Kostenkalkulation gemäß Zuschlagskalkulation und gemäß Prozesskostenrechnung zu beurteilen ist.

d) In der Verwaltungs- und Vertriebsstelle ist die Kapazität mit 55 Bestellungen beschränkt, die 5.000 Gesamtkosten sind die Vollkosten bei Kapazitätsplanung. Ermitteln Sie zum einen die Gesamtkosten für 33 Bestellungen nach den Grundsätzen der Prozesskostenrechnung. Berechnen Sie zum anderen die Höhe der „tatsächlichen" Kosten für die 33 Bestellungen, wenn in der betrachteten Periode nur 50% der Gesamtkosten bei Kapazitätsplanung variabel in Bezug auf die Anzahl der Bestellungen reagiert, der Rest aber fix ist.

Lösungshinweise

Teilaufgabe a):

Fenster:

Materialeinzelkosten	$\dfrac{500 \cdot 1}{500 \cdot 1 + 60 \cdot 3} \cdot 23.800$	17.500
Materialgemeinkosten	$\dfrac{3.000}{23.800} \cdot 17.500$	2.206
Fertigungslöhne	$\dfrac{500 \cdot 1}{500 \cdot 1 + 60 \cdot 3} \cdot 13.600$	10.000
Fertigungsgemeinkosten	$\dfrac{17.800 + 3.680}{13.600} \cdot 10.000$	15.794
Herstellkosten	$17.500 + 2.206 + 10.000 + 15.794$	45.500
Verw.-/Vertriebskosten	$\dfrac{5.000}{23.800 + 3.000 + 13.600 + 17.800 + 3.680} \cdot 45.500$	3.676
Selbstkosten	$45.500 + 3.676$	49.176
Selbstkosten pro Stück	$\dfrac{49.176}{500}$	98

Türen:

Materialeinzel-kosten	$\dfrac{60 \cdot 3}{500 \cdot 1 + 60 \cdot 3} \cdot 23.800$	6.300
Materialgemein-kosten	$\dfrac{3.000}{23.800} \cdot 6.300$	794
Fertigungslöhne	$\dfrac{60 \cdot 3}{500 \cdot 1 + 60 \cdot 3} \cdot 13.600$	3.600
Fertigungsge-meinkosten	$\dfrac{17.800 + 3.680}{13.600} \cdot 3.600$	5.686
Herstellkosten	$6.300 + 794 + 3.600 + 5.686$	16.380
Verw./Vertriebs-kosten	$\dfrac{5.000}{23.800 + 3.000 + 13.600 + 17.800 + 3.680} \cdot 16.380$	1.324
Selbstkosten	$16.380 + 1.324$	17.704
Selbstkosten pro Stück	$\dfrac{17.704}{60}$	295

Teilaufgabe b):

Fenster:

Materialeinzelkosten	$\dfrac{500 \cdot 1}{500 \cdot 1 + 60 \cdot 3} \cdot 23.800$	17.500
Materialgemeinkosten	$\dfrac{3.000}{6 + 6} \cdot 6$	1.500
Fertigungslöhne	$\dfrac{500 \cdot 1}{500 \cdot 1 + 60 \cdot 3} \cdot 13.600$	10.000
Maschinenkosten (Fertigung 1)	$\dfrac{17.800}{500 \cdot 2 + 60 \cdot 5} \cdot 500 \cdot 2$	13.692
Rüstkosten (Fertigung 2)	$\dfrac{3.680}{4 + 6} \cdot 4$	1.472
Herstellkosten	$17.500 + 1.500 + 10.000 + 13.692 + 1.472$	44.164
Verwaltungs-/Vertriebskosten	$\dfrac{5.000}{25 + 30} \cdot 25$	2.273
Selbstkosten	$44.164 + 2.273$	46.437
Selbstkosten pro Stück	$\dfrac{46.437}{500}$	93

Türen:

Materialeinzel-kosten	$\dfrac{60 \cdot 3}{500 \cdot 1 + 60 \cdot 3} \cdot 23.800$	6.300
Materialgemein-kosten	$\dfrac{3.000}{6 + 6} \cdot 6$	1.500
Fertigungslöhne	$\dfrac{60 \cdot 3}{500 \cdot 1 + 60 \cdot 3} \cdot 13.600$	3.600
Maschinenkos-ten (Fertigung 1)	$\dfrac{17.800}{500 \cdot 2 + 60 \cdot 5} \cdot 60 \cdot 5$	4.108
Rüstkosten (Fertigung 2)	$\dfrac{3.680}{4 + 6} \cdot 6$	2.208
Herstellkosten	$6.300 + 1.500 + 3.600 + 4.108 + 2.208$	17.716
Verw.-Vertriebs-kosten	$\dfrac{5.000}{25 + 30} \cdot 30$	2.727
Selbstkosten	$17.716 + 2.727$	20.443
Selbstkosten pro Stück	$\dfrac{20.443}{60}$	341

Teilaufgabe c):

Ergebnisrechnung auf der Grundlage der Zuschlagskalkulation:

	Fenster	Türen	Gesamt
Umsatzerlöse	60.000	19.800	79.800
Kosten	-49.176	-17.704	-66.880
Ergebnis	10.824	2.096	12.920

Ergebnisrechnung auf der Grundlage der Prozesskostenrechnung:

	Fenster	Türen	Gesamt
Umsatzerlöse	60.000	19.800	79.800
Kosten	-46.437	-20.443	-66.880
Ergebnis	13.563	-643	12.920

Bei gleichem Gesamtergebnis weichen die Teilergebnisse bei Zuschlagskalkulation und bei Prozesskostenrechnung voneinander ab. Die prozessorientierte Zuordnung der Gemeinkosten führt durchgängig (Material-, Fertigungs- und Verwaltungs-/Vertriebsbereich) zur höheren Belastung der Türen und zur Entstehung eines Verlustes.

Teilaufgabe d):

Die **Prozesskostenrechnung** ermittelt (im vorliegenden Fall) einen an der vollen Kapazitätsausnutzung orientierten Prozesskostensatz für die Verwaltungs- und Vertriebskosten und führt eine Proportionalisierung dieser Kosten durch. Bei 33 Bestellungen beträgt die Kapazitätsauslastung 60%, es werden daher 60% der bei voller Kapazitätsnutzung entstehenden Vollkosten verrechnet:

$$\frac{5.000}{25 \, \text{Bestellungen} + 30 \, \text{Bestellungen}} \cdot 33 \, \text{Bestellungen} = 3.000 \cdot$$

Die „**tatsächlichen**" **Kosten** aber sind andere. Neben den fixen Kosten von 2.500 (50% von 5.000) fallen 60% der verbleibenden variablen Kosten von 2.500 an, also 1.500. Die „tatsächlichen" Kosten betragen somit 4.000.

Fall 10: Deckungsbeitragsrechnung

Die B AG, ein Unternehmen aus der Chemiebranche, stellt in seinen sechs verschiedenen Produktionsbereichen unterschiedliche Erzeugnisse her. In den Bereichen I bis IV ist produktionsbedingt ein Kühlverfahren notwendig. Zu diesem Zweck wird kaltes Wasser verwendet, welches nach seiner zwangsläufigen Erwärmung während des Produktionsprozesses wieder auf die ursprüngliche Temperatur abgekühlt werden muss, um erneut verwendet werden zu können.

Die fixen Kosten des Verfahrens betragen pro Periode 48.000 GE. Variable Kosten fallen in Höhe von 0,3 GE/m³ an. Die Bereiche I bis IV nahmen in der vergangenen Periode folgende Kühlwassermengen in Anspruch:

Produktionsbereich (Kostenstelle)	I	II	III	IV	V	VI	Summe
Wasserverbrauch m³/Periode	12.000	32.000	16.000	20.000	–	–	80.000

a) Wie hoch sind die Kosten pro m³ Wasserverbrauch sowie die Kostenbelastung der einzelnen Kostenstellen bei Vollkostenrechnung?

b) Wie hoch sind die Kosten pro m³ Wasserverbrauch sowie die Kostenbelastung der einzelnen Stellen, wenn mit Beginn der neuen Periode der Bereich IV auf Luftkühlung umgestellt wird und die übrigen Bereiche die gleichen Teilmengen beanspruchen wie in der abgelaufenen Periode?

c) Nach Umstellung des Bereichs IV auf Luftkühlung und vor Verrechnung der Kühlwasserkosten gelten die folgenden Planungsdaten:

Produktart	I	II	III	IV	V	VI
Geplante Erzeugniseinheiten Stück/Periode	22.000	34.000	8.000	18.000	24.000	3.000
Geplante Verkaufspreise GE/Stück	8	10	24	12	16	22
Geplante var. Kosten GE/Stück (ohne Kühlwasserkosten)	6	8	16	9	13	10

Die erwarteten sonstigen Fixkosten des Unternehmens (ohne die Fixkosten des Kühlverfahrens) belaufen sich auf 232.000 GE.

Erstellen Sie das Abrechnungsschema der Deckungsbeitragsrechnung unter Einbeziehung der Verrechnung der Kühlwasserkosten entsprechend des Aufgabenteils b). Wie hoch ist der Periodenerfolg? Verwenden Sie die mehrstufige Deckungsbeitragsrechnung.

Lösungshinweise

Teilaufgabe a):

Die Kosten pro m³ Wasserverbrauch betragen (GE pro m³):

$$k = k_v + \frac{K_f}{x} = 0,3 + \frac{48.000}{80.000} = 0,9$$

Dies führt zu folgenden Kostenbelastungen der einzelnen Kostenstellen:

Produktionsbereich (Kostenstelle)	I	II	III	IV	V	VI	Summe
Kühlwasserkosten GE/Periode	10.800	28.800	14.400	18.000	–	–	72.000

Teilaufgabe b):

Die unveränderten Fixkosten sind nun auf den geringeren Gesamtverbrauch von nur noch 60.000 m3 umzulegen. Dies führt zu den folgenden Kosten pro m³ Wasserverbrauch und Kostenbelastungen der Kostenstellen:

$$k = 0,30 + \frac{48.000}{60.000} = 1,10$$

Produktionsbereich (Kostenstelle)	I	II	III	IV	V	VI	Summe
Kühlwasserkosten GE/Periode	13.200	35.200	17.600	–	–	–	66.000

Teilaufgabe c):

Die variablen Kosten je Stück (ohne Kühlkosten) sind in der Aufgabenstellung angegeben; hinzu treten die variablen Kühlkosten. Die variablen Kühlkosten je Stück sind zu ermitteln, indem für die drei betroffenen Produktarten die gesamten variablen Kühlkosten je Periode (I: 12.000 x 0,3 = 3.600, II: 32.000 x 0,3 = 9.600, III: 16.000 x 0,3 = 4.800) durch die jeweilige Zahl der Erzeugniseinheiten dividiert werden. Dies führt zu den folgenden variablen Kühlkosten und variablen Gesamtkosten je Stück (im Vorspann der Klausur ist eine Rundung auf zwei Dezimalstellen vorgegeben):

Produkt/(Kostenstelle)	I	II	III	IV	V	VI
Variable Kühlkosten GE/Stück	0,16	0,28	0,60	–	–	–
Variable Gesamtkosten GE/Stück	6,16	8,28	16,60	9,00	13,00	10,00

Hierauf aufbauend kann die folgende mehrstufige (hier zweistufige) Deckungsbeitragsrechnung erstellt werden:

Produkt	I	II	III	IV	V	VI
Produktmenge	22.000	34.000	8.000	18.000	24.000	3.000
Umsatzerlöse	176.000	340.000	192.000	216.000	384.000	66.000
Variable Kosten	135.520	281.520	132.800	162.000	312.000	30.000
Deckungsbeitrag I	40.480	58.480	59.200	54.000	72.000	36.000
Produktgruppenfixkosten	48.000					
Deckungsbeitrag II	110.160			54.000	72.000	36.000
Unternehmensfixkosten	232.000					
Periodenergebnis	40.160					

Fall 11: Deckungsbeitragsrechnung

In dem betrachteten Unternehmen wird in einem anderen Unternehmensbereich bereits eine Teilkostenrechnung in Form des Direct Costing durchgeführt.

a) Charakterisieren Sie das Direct Costing. Gehen Sie dabei auch darauf ein, welche Besonderheiten das Direct Costing in den einzelnen Bereichen der Kostenrechnung – Kostenarten-, Kostenstellen- und Kostenträgerrechnung – gegenüber einer Vollkostenrechnung aufweist. Beschreiben Sie zudem die Mehrstufige Fixkostendeckungsrechnung, die RIEBELsche Einzelkosten- und Deckungsbeitragsrechnung sowie die Grenzplankostenrechnung als weitere Formen der Teilkostenrechnung kurz.

b) Der Unternehmensbereich möchte die Produktions- und Absatzplanung für die nächste Periode vornehmen. Es werden fünf Produkte (A - E) hergestellt, die im Wesentlichen jeweils aus drei Rohstoffen (R1, R2 und R3) bestehen. Folgende Informationen liegen hinsichtlichdes Rohstoffverbrauchs der fünf Produkte (je Mengeneinheit (ME)) vor:

Rohstoffe		Produkte	A	B	C	D	E
	Preis pro Einheit	Verbrauchs-angabe					
R1	2,50 €/kg	kg/ME	12	18	9	6	23
R2	17,00 €/Stk.	StK./ME	2	3	1	6	4
R3	0,45 €/l	l/ME	0,50	0,25	0,50	0,75	1,00

In Vorbereitung der Planung wurden darüber hinaus die nachfolgenden Informationen zusammengestellt:

Produkt	A	B	C	D	E
max. Absatzmenge (ME)	4.000	3.500	3.000	1.500	6.500
Absatzpreis (in €/ME)	160	200	120	230	250
Rohstoffkosten (in €/ME)	anhand der obigen Daten zu berechnen				
sonstige variable Kosten (in €/ME)	77	84	66	111	91
produktfixe Material-, Fertigungs- und Vertriebsgemeinkosten (€)	45.000	15.000	38.000	60.000	25.000
Unternehmensfixkosten (€)	125.000				

Berechnen Sie auf Grundlage der vorliegenden Informationen die Stück-Rohstoffkosten (Materialeinzelkosten pro Stück) für jedes Produkt. Ermitteln Sie dann die auf Basis der <u>maximalen Absatzmengen</u> erzielbaren Deckungsbeiträge I und II sowie das Betriebsergebnis.

c) Da die Entwicklung des Absatzmarktes als unsicher gilt, möchte die Geschäftsleitung die Planungen um Risikoüberlegungen erweitert haben. Führen Sie dazu auf Basis der maximalen Absatzmengen eine Break-Even-Analyse durch, bei der Sie einen „durchschnittlichen" Break-Even-Umsatz ermitteln (unter der Annahme, dass alle Produkte gleichermaßen von den Absatzeinbußen betroffen sind). Sämtliche fixen Kosten seien nicht kurzfristig abbaubar.

d) Im Folgenden sei unterstellt, dass es sich bei Rohstoff R1 um ein für das Unternehmen schwer zu beschaffendes Material handelt, das nur von einem Lieferanten bezogen werden kann. Der Lieferant hat die Maximalliefermenge von Rohstoff R1 im Planungszeitraum auf 250.000 kg begrenzt, Bestände liegen nicht vor. Bestimmen Sie das optimale Produktions- und Absatzprogramm unter der Annahme, dass keine weiteren Engpässe existieren und die produktfixen Kosten kurzfristig nicht abbaubar sind. Unterstellen Sie dazu lineare Umsatz- und Kostenverläufe. Ermitteln Sie zudem das Betriebsergebnis.

Lösungshinweise

Teilaufgabe a):

Das Direct Costing ist eine einstufige Deckungsbeitragsrechnung und basiert auf einer Spaltung der Kosten in fixe (beschäftigungsunabhängige) und variable (beschäftigungsabhängige) Kosten. Dies erfolgt bereits in der Kostenartenrechnung. In der Kostenstellenrechnung Da die Fixkosten als Block betrachtet werden, wird in der Kostenstellenrechnung die innerbetriebliche Leistungsverrechnung nur auf nur auf Basis der variablen Kosten ermittelt. Auch die Zuschlagssätze beziehen sich ebenfalls nur auf variable Kosten. In der Kostenträgerrechnung werden zunächst die Deckungsbeiträge als Differenz zwischen Preisen und variablen Stückkosten ermittelt. Anschließend bildet man die Summe aller Deckungsbeiträge und zieht hiervon die fixen Kosten als Ganzes im Block ab, um so das Betriebsergebnis zu erhalten.

Die mehrstufige Fixkostendeckungsrechnung stellt eine Weiterentwicklung des Direct Costing da. Die Fixkosten werden hier nicht mehr als Block betrachtet, sondern weiter unterteilt und bestimmten Bezugsgrößen (z.B. Produkte, Produktgruppen, Geschäftsbereiche, Unternehmen) verursachungsgerecht, d.h. ohne Schlüsselung, zugerechnet. Dadurch erlaubt die **mehrstufige Deckungsbeitragsrechnung** die Berechnung objektbezogener Deckungsbeiträge auf verschiedenen Unternehmensebenen.

Die relative Einzelkostenrechnung lehnt die Schlüsselung sämtlicher Kosten anhand des Verursachungsprinzips ab. Daher vermeidet die relative Einzelkostenrechnung die Aufschlüsselung verbundener Kosten und geht vielmehr davon aus, dass alle Kosten letztlich als (relative) Einzelkosten einer bestimmten Bezugsgröße zugerechnet werden können. Da die Zuordnung der Kosten und Leistungen vom betrachteten Bezugsobjekt abhängt, handelt es sich um relative Einzelkosten. Gemäß dem Identitätsprinzip sind nur Kosten und Leistungen gegenüberzustellen, die sich auf dieselbe Entscheidung beziehen, d.h. den Bezugsobjekten werden nur entscheidungsrelevante Kosten bzw. Leistungen zugeordnet. Da alle Kosten in der Bezugsobjekthierarchie an irgendeiner Stufe als relative Einzelkosten erfasst werden, entfällt eine Schlüsselung der Gemeinkosten. Die Erfassung der Kosten und Leistungen zu ihren Bezugsobjekten erfolgt in der sog. Grundrechnung.

Bei der Grenzplankostenrechnung handelt es sich um ein Kostenrechnungssytem, bei dem nur die variablen Plankosten ermittelt und in die Kostenträgerrechnung einbezogen werden. Die Fixkosten werden nicht auf die Kostenträger verrechnet, sondern al Block in Betriebsergebnis erfasst. Dadurch wird im Rahmen der Abweichungsanalyse eine Beschäftigungsabweichung nicht ausgewiesen, sondern nur die Verbrauchsabweichung als Differenz zwischen variablen Istkosten und variablen Sollkosten.

Teilaufgabe b):

	A	B	C	D	E
Absatzpreis	160	200	120	230	250
Rohstoffkosten	64,2250	96,1125	39,7250	117,3375	125,9500
sonstige var. Kosten	77	84	66	111	91
Stück-DB	18,7750	19,8875	14,2750	1,6625	33,0500
Absatzmenge	4.000	3.500	3.000	1.500	6.500
DB I	75.100	69.606	42.825	2.494	214.825
Produktfixe Kosten	45.000	15.000	38.000	60.000	25.000
DB II	30.100	54.606	4.825	-57.506	189.825
Unternehmensfixkosten	125.000				
Betriebsergebnis	96.850				

Teilaufgabe c):

$$
\begin{aligned}
\text{Max. Umsatz} \quad = \quad & 4.000 \times 160 + 3.500 \times 200 + 3.000 \times 120 \\
& + 1.500 \times 230 + 6.500 \times 250 \\
= \quad & 3.670.000
\end{aligned}
$$

Fixkosten = 45.000 + 15.000 + 38.000 + 60.000 + 25.000 +
+ 125.000
= 308.000

Für den Break-Even-Punkt gilt:

$$x = \frac{K_F}{p - k_v}$$

$$x = \frac{K_F}{db}$$

$$x \times db = K_F$$

$$DB = K_F$$

Der Break-Even-Umsatz ist derjenige, bei dem der DB den Fixkosten entspricht, d.h. es gilt:

DB = K_F = 308.000

Bei maximalem Absatz beträgt der DB:

DB   = 75.100 + 69.606 + 42.825 + 2.494 + 214.825

= 404.850

Somit entspricht der Break-Even-Umsatz 76,08 % (308.000/404.850) des maximalen Umsatzes. In absoluten Zahlen bedeutet dies: Es ist ein Umsatz von 2.792.046,44 € (0,7608 × 3.670.000) erforderlich.

Teilaufgabe d):

Da bisher von R1 296.500 ME verbraucht wurden, liegt ein Engpass in Höhe von 46.500 ME (296.500 − 250.000) vor. Diese 46.500 ME fehlen jetzt für das bisherige Produktionsprogramm. Die Bestimmung des neuen Produktionsprogramms erfolgt nach dem relativen DB.

Produkte	A	B	C	D	E
Stück-DB	18,78	19,89	14,28	1,66	33,05
Rohstoffbedarf	12,00	18,00	9,00	6,00	23,00
rel. DB	1,56	1,10	1,59	0,28	1,44
Rang	2	4	1	5	3
Absatzmenge	4.000	1.416,67	3.000	0	6.500
hierfür erforderliche ME an R1	48.000	25.500	27.000	0	149.500

Für die Produkte C, A und E werden 224.500 ME (27.000 + 48.000 + 149.500) an R1 benötigt, d.h. für Produkt B stehen nur 25.500 ME (250.000 - 224.500) an R1 zur Verfügung. Damit lassen sich 1.415,17 ME (25.500/18) von Produkt B herstellen.

Aufgrund des neuen Produktionsprogramms verändern sich DB I, DB II und das Betriebsergebnis wie folgt:

Produkte	A	B	C	D	E
Stück-DB	18,7750	19,8875	14,2750	1,6625	33,0500
Absatzmenge	4.000	1.417	3.000	1.500	6.500
DB 1	75.100	28.174	42.825		214.825
produktfixe Kosten	45.000	15.000	38.000	60.000	25.000
DB 2	30.100	13.174	4.825	-60.000	189.825
Unternehmensfixkosten	125.000				
Betriebsergebnis	52.924				

Fall 12: Break-Even-Analyse

Die Chair Möbelmanufaktur hat sich auf die Herstellung eines besonderen Stuhls spezialisiert. Im Jahr 2020 sind für die Produktion von 250 Stühlen folgende Kosten angefallen: 20.000 Euro lineare, zeitabhängige Abschreibungen, 80.000 Euro Gehälter in der Verwaltung, 100.000 Euro reine Akkordlöhne, 70.000 Euro direkt zurechenbare Kosten für die Rohstoffe zur Herstellung der Stühle und 25.000 Euro sonstige fixe Kosten. Die Stühle werden zu einem Stückerlös von 900 Euro verkauft.

a) Leiten Sie die Formel zur Berechnung der Break-Even-Menge aus der Gewinnformel her.

b) Führen Sie anhand obiger Informationen eine Break-Even-Analyse durch und berechnen Sie die Break-Even-Menge. Runden Sie den numerisch korrekten Wert auf ganze Stücke auf.

c) Gehen Sie nun davon aus, dass die variablen Kosten für 100 Stühle pro Stück 500 Euro und die gesamten Kosten 150.000 Euro, sowie die Stückerlöse 548 Euro betragen. Wie hoch ist in diesem Fall die Break-Even-Menge? Runden Sie den numerisch korrekten Wert auf ganze Stücke auf.

d) Gehen Sie nun davon aus, dass die variablen Kosten für 100 Stühle insgesamt 65.000 Euro und die fixen Kosten 50.000 Euro betragen. Wie hoch muss der Stückerlös angesetzt werden, damit die Break-Even-Menge 1.000 Stück beträgt? Runden Sie den Stückerlös auf Euro-Beträge genau.

e) Wie verändert sich grundsätzlich die Break-Even-Menge, wenn ceteris paribus die Stückerlöse steigen? Erläutern Sie die Veränderung anhand der Formel zur Berechnung der Break-Even-Menge.

Lösungshinweise

Teilaufgabe a):

$$G = (p - k_v) \cdot x - K_F$$

$$0 = (p - k_v) \cdot x - K_F$$

$$\Rightarrow x = \frac{K_f}{p - k_v}$$

Teilaufgabe b):

$$K_v = 100.000\ \text{€} + 70.000\ \text{€} = 170.000\ \text{€}$$

$$\Rightarrow k_v = \frac{170.000\ \text{€}}{250\ \text{St}} = 680\ \text{€/St}$$

$$K_F = 20.000\ \text{€} + 80.000\ \text{€} + 25.000\ \text{€} = 125.000$$

$$\Rightarrow x = \frac{K_F}{p - k_v} = \frac{125.000\ \text{€}}{900\ \text{€/St} - 680\ \text{€/St}} = 568,16\ \text{St}$$

$$\Rightarrow \text{Aufrunden auf 569 St}$$

Teilaufgabe c):

$$K_v = 100\ \text{St} \times 500\ \text{€/St} = 50.000\ \text{€}$$

$$K_F = 150.000\ \text{€} - 50.000\ \text{€} = 100.000\ \text{€}$$

$$\Rightarrow x = \frac{K_F}{p - k_v} = \frac{100.000\ \text{€}}{548\ \text{€/St} - 500\ \text{€/St}} = 2.083,33\ \text{St}$$

$$\Rightarrow \text{Aufrunden auf 2.084 St}$$

Teilaufgabe d):

$$G = (p - k_v) \cdot x - K_F$$

$$0 = (p - k_v) \cdot x - K_F$$

$$\Rightarrow p = \frac{K_F}{x} + k_v = \frac{50.000\ \text{€}}{1.000\ \text{St}} + \frac{65.000\ \text{€}}{100\ \text{St}} = 700\ \text{€/St}$$

Teilaufgabe e):

$$x = \frac{K_F}{p - kv}$$

Wenn p steigt, wird der Nenner größer und der gesamte Bruch kleiner (d.h. die Break-even-Menge wird kleiner).

Fall 13: Sortimentsplanung

Ein Unternehmen stellt die Produkte A, B, C und D her, von denen in der Planungsperiode maximal jeweils 1.000 Stück abgesetzt werden können. Dabei gilt:

	A	B	C	D
Nettoerlöse (in €)	90	42	56	17
Einzelkosten/Stück (in €)	70	32	40	12

Innerhalb der Planungsperiode fallen Fixkosten von 40.000 € an. Alle Produkte durchlaufen die nachfolgenden Fertigungsstufen:

Stufenbean-spruchung (in Std.):	A	B	C	D	Kapazität (in Std.)
Stufe I	7	3	5	4	20.000
Stufe II	6	3	6	2	21.000
Stufe III	8	2	4	5	14.000

Bestimmen Sie das gewinnmaximale Sortiment und den zugehörigen Periodenerfolg!

Lösungshinweise

Teilaufgabe a):

Zunächst müssen für alle Produkte die Stückdeckungsbeiträge ermittelt werden. Dies geschieht in der nachfolgenden Tabelle unter der Annahme, dass die in der Aufgabenstellung angegebenen Einzelkosten zugleich die variablen Stückkosten sind.

		A	B	C	D
	Nettoerlöse (in €)	90	42	56	17
./.	Einzelkosten (in €)	70	32	40	12
=	Deckungsspanne (in €)	20	10	16	5

Da sämtliche Deckungsspannen/Stückdeckungsbeiträge positiv sind, sollten alle vier Produktarten in maximaler Absatzmenge produziert werden, es sei denn, dies würde durch einen Fertigungsengpass (ggf. mehrere Fertigungsengpässe) verhindert. Die Kapazitätsanalyse ergibt:

	A	B	C	D	Kap.-Bedarf (in Std.)	Kapazität (in Std.)
max. Absatzmenge	1.000	1.000	1.000	1.000		
Stufe I	7.000	3.000	5.000	4.000	19.000	20.000
Stufe II	6.000	3.000	6.000	2.000	17.000	21.000
Stufe III	8.000	2.000	4.000	5.000	19.000	14.000

Die Erzeugung der jeweils maximalen Absatzmenge wird durch einen Kapazitätsengpass in der Fertigungsstufe III verhindert. Daher ist die knappe Kapazität nach Maßgabe des engpassbezogenen Deckungsbeitrags auf die Produkte zu verteilen. Die Produktrangfolge wird in nachstehender Tabelle bestimmt.

	A	B	C	D
Deckungsbeitrag (€/Stück)	20	10	16	5
Engpassbedarf (Std./Stück)	8	2	4	5
relativer Deckungsbeitrag (€/Std.)	2,50	5,00	4,00	1,00
Produktrangfolge	3	1	2	4

Aufbauend auf der ermittelten Rangfolge lässt sich das optimale (gewinnmaximale) Produktions- und Absatzprogramm ermitteln:

Produkt B:	1.000 Stück	×	2 Std./Stück	=	2.000 Std.
Produkt C:	1.000 Stück	×	4 Std./Stück	=	4.000 Std.
Produkt A:	1.000 Stück	×	8 Std./Stück	=	8.000 Std.
					14.000 Std.

Für die Produktion von Produkt D ist keine Kapazität verfügbar, dieses ist im gewinnmaximalen Produktions- und Absatzprogramm nicht enthalten.

Die Fixkosten haben auf die (kurzfristige) Produktionsplanung keinen Einfluss, freilich müssen sie bei der Errechnung des Periodenerfolges berücksichtigt werden:

Produkt A:	1.000 Stück	×	20 €/Stück	=	20.000 €	
Produkt B:	1.000 Stück	×	10 €/Stück	=	10.000 €	
Produkt C:	1.000 Stück	×	16 €/Stück	=	16.000 €	
				Σ:	46.000 €	Gesamtdeckungsbeitrag
				−	40.000 €	Fixkosten
				=	6.000 €	**Periodenerfolg**

Fall 14: Optimales Produktionsprogramm

Die XYZ AG kann auf einer Maschine die Produkte I und II fertigen. Insgesamt steht auf dieser Maschine eine Kapazität von 2.000 Stunden zur Verfügung. Weiterhin sind zu den beiden Produkten die folgenden Daten gegeben:

	Produkt I	Produkt II
maximale Absatzmenge	4.000 Stück	3.200 Stück
Verkaufspreis	40 Euro/Stück	50 Euro/Stück
variable Stückkosten	28 Euro/Stück	32 Euro/Stück
Maschinenbelegung	0,25 Stunden/Stück	0,5 Stunden/Stück

Ermitteln Sie das optimale Produktionsprogramm der XYZ AG.

Lösungshinweise

Zunächst ist zu prüfen, ob ein Engpass vorliegt.

	Produkt I	Produkt II
maximale Absatzmenge	4.000 Stück	3.200 Stück
Maschinenbelegung	0,25 Stunden/Stück	0,5 Stunden/Stück

Wenn die maximale Absatzmenge erreicht werden soll, müssten dafür 2.600 Stunden (4.000 St × 0,25 h/St + 3.200 St × 0,5 h/St) zur Verfügung stehen.

	Produkt I	Produkt II
Verkaufspreis	40 €	50 €
- variable Stückkosten	28 €	32 €
= Deckungsbeitrag/Stück	12 €	18 €
: Maschinenbelegung	0,25 h/St	0,5 h/St
= rel. Deckungsbeitrag/Stück	48 €	36 €
Rangfolge	1	2

Aufgrund des höheren relativen Stückdeckungsbeitrags wird zunächst Produkt I hergestellt. Die nach Erreichen der maximalen Absatzmenge vorhandene Restkapazität, wird dann zur Produktion des Produktes II genutzt.

Zugewiesene Kapazität	1.000 h	1.000 h
Produktionsmenge	4.000 St	2.000 St

Da ein Engpass vorliegt, wird zunächst das Produkt mit dem höchsten relativen Stückdeckungsbeitrag hergestellt. Sollte nach Erreichen der maximalen Absatzmenge noch eine Restkapazität vorhanden sein, dann wird diese zur Produktion des Produktes mit dem zweithöchsten relativen Stückdeckungsbeitrag genutzt.

Fall 15: Produktionsprogrammplanung

Die Xocolatl AG produziert weiße Schokolade sowie Bitter- und Milchschokolade. Dazu werden folgende Zutaten je Kilogramm verkaufsfertiger Schokolade benötigt:

Typ	Zucker	Kakaobutter	Milchpulver
Bitterschokolade	400g	400g	–
Milchschokolade	480g	180g	220g
Weiße Schokolade	460g	280g	260g

Aus der Kosten- und Leistungsrechnung sind Ihnen folgende Daten bekannt:

- Die Verkaufspreise der Schokoladensorten variieren: Der Preis für Bitterschokolade beträgt 10,- EUR/kg, für Milchschokolade 8,50 EUR/kg und für weiße Schokolade 7,50 EUR/kg.

- Die Rohstoffkosten betragen für Zucker 2,- EUR/kg, für Kakaobutter 4,- EUR/kg und für Milchpulver 1,- EUR/kg.

- Die Kapazität der Maschinen, die zum Aromenaufschluss eingesetzt werden, sog. Conchen, beträgt 100 Stunden. Zur Herstellung eines Kilogramms Bitterschokolade wird eine Conche 30 Minuten belegt, für Milchschokolade 18 Minuten und bei weißer Schokolade 15 Minuten.

a) Bestimmen Sie das gewinnmaximale Produktionsprogramm, wenn neben der Restriktion der Maschinenkapazität keine weiteren Restriktionen vorliegen.

b) Wie verändert sich das Produktionsprogramm, wenn zusätzlich zur Restriktion der Maschinenkapazität nur 50 kg Milchpulver zur Verfügung stehen?

c) Gehen Sie davon aus, dass statt des Milchpulvers der Zucker zusätzlich zur Maschinenkapazität einer Beschaffungsrestriktion unterliegt. Es stehen lediglich 125 kg Zucker zur Verfügung. Geben Sie das zugehörige Optimierungsproblem an, d.h. Zielfunktion und zu berücksichtigende Nebenbedingungen.

Lösungshinweise

Teilaufgabe a):

Zunächst sind die Deckungsbeiträge der Produkttypen (EUR/kg) zu bestimmen:

Produkttyp	Preis	Kosten Zucker	Kosten Kakaob.	Kosten Milchp.	DB
Bitterschoko-lade	10,00	0,80	1,60	–	7,60
Milchschoko-lade	8,50	0,96	0,72	0,22	6,60
Weiße Schok.	7,50	0,92	1,12	0,26	5,20

Die Maschinenkapazität ist der einzige Engpass. Die Produktrangfolge ist somit nach der Höhe des Deckungsbeitrages je Maschinenstunde zu bestimmen (relativer bzw. spezifischer Deckungsbeitrag je Engpasseinheit):

Produkttyp	DB	Engpassbelastung	Relativer DB
Bitterschokolade	7,60 EUR/kg	0,50 h/kg	15,20 EUR/h
Milchschokolade	6,60 EUR/kg	0,30 h/kg	22,00 EUR/h
Weiße Schok.	5,20 EUR/kg	0,25 h/kg	20,80 EUR/h

Die Milchschokolade bringt den höchsten relativen Deckungsbeitrag. Da keine Absatzrestriktion greift, wird die gesamte Kapazität zur Herstellung dieses Produkttyps eingesetzt. Von der Milchschokolade werden

$$\frac{100\,h}{0,3\,h/kg} = 333,333\ kg$$

hergestellt und abgesetzt.

Teilaufgabe b):

Die relativen Deckungsbeiträge der Produkte je kg Milchpulver betragen:

Produkttyp	DB	Engpassbelastung	Relativer DB
Bitterschokolade	7,60 EUR/kg	entfällt	entfällt
Milchschokolade	6,60 EUR/kg	0,22 kg/kg	30,00 EUR/kg
Weiße Schokolade	5,20 EUR/kg	0,26 kg/kg	20,00 EUR/kg

Wiederum weist die Milchschokolade den höchsten relativen Deckungsbeitrag auf. Aufgrund der Restriktion beim Milchpulver können

$$\frac{50\,kg\,Milchpulver}{0,22\,kg\,Milchpulver\,je\,kg\,Milchschokolade} = 227,273\,kg\,Milchschokolade$$

hergestellt werden.

Da nun das Milchpulver vollständig verbraucht ist, kann keine weiße Schokolade produziert werden. Die verbleibenden Maschinenstunden in Höhe von

$$100\,h - 227,273\,kg \cdot 0,3\,h\,/\,kg = 31,818\,h$$

gehen in die Produktion von Bitterschokolade. Es können

$$\frac{31,818\,h}{0,5\,h\,/\,kg} = 63,636\,kg$$

Bitterschokolade hergestellt werden.

Das gewinnmaximale Produktionsprogramm beträgt also 227,273 kg Milchschokolade und 63,636 kg Bitterschokolade.

Teilaufgabe c):

Es ist ein Ansatz der linearen Programmierung zu formulieren. Dieser besteht aus einer Zielfunktion (Gewinnfunktion) und zwei Nebenbedingungen. Mit B für Bitterschokolade, M für Milchschokolade und W für weiße Schokolade gilt:

Zielfunktion $\quad 7,60 \cdot B + 6,60 \cdot M + 5,20 \cdot W \rightarrow$ max!

1. Restriktion $\quad 0,5 \cdot B + 0,3 \cdot M + 0,25 \cdot W \leq 100$

2. Restriktion $\quad 0,4 \cdot B + 0,48 \cdot M + 0,46 \cdot W \leq 125$

Fall 16: Produktionsprogrammplanung

Eine Unternehmung fertigt zwei nicht lagerfähige Produkte mit den zu bestimmenden Mengen x_1 und x_2. Die Preis-Absatz-Funktionen der beiden Produkte lauten:

$$p_1(x_1) = 2100 - 10 \cdot x_1 \; ;$$

$$p_2(x_2) = 1050 - 20 \cdot x_2 \; .$$

Die pagatorischen, variablen Kosten pro Stück betragen:

$$k_1 = 100 \, € \, / \, \text{Stück } x_1 \; ;$$

$$k_2 = 50 \, € \, / \, \text{Stück } x_2 \; .$$

Für die Produktion wird ein Rohstoff benötigt, von dem in der Planungsperiode 2000 kg beschaffbar sind. Eine Einheit x_1 benötigt 4 kg, eine Einheit x_2 16 kg. Beide Produkte werden auf einer Maschine bearbeitet, die in der Planungsperiode 720 Stunden zur Verfügung steht. Eine Einheit x_1 benötigt 10 Stunden Bearbeitungszeit, eine Einheit x_2 5 Stunden. Fixe Kosten fallen nicht an.

a) Wie lautet das optimale Produktionsprogramm, wenn die Unternehmung keinerlei Restriktionen bezüglich des Rohstoffes und der Maschine beachten muss? Welche Mengen x_1 und x_2 werden gefertigt, wie hoch ist der maximale Periodenerfolg G^*?

b) Wie viele Einheiten des Rohstoffes bzw. wie viele Maschinenstunden müssen zur Verfügung stehen, damit das obige Programm realisiert werden kann?

c) Ermitteln Sie das optimale Produktionsprogramm mithilfe des Lagrange-Verfahrens! Interpretieren Sie den erhaltenen Wert λ^* ökonomisch!

d) Bestimmen Sie das optimale Produktionsprogramm unter Verwendung von wertmäßigen Kosten! Erläutern Sie das Hauptproblem des Konzeptes der wertmäßigen Kosten für ein solches Planungsproblem (Ermittlung der optimalen x_1^* und x_2^*)!

e) Ein Leasingunternehmen schickt ein Angebot über eine zum vorhandenen Aggregat technisch identische Maschine mit einer

Kapazität von 405 Stunden pro Planungsperiode. Wie hoch darf die Leasingrate maximal sein, damit sich der Einsatz der zusätzlichen Maschine lohnt?

Lösungshinweise

Teilaufgabe a):

Die Produktmengen sind so festzulegen, dass die Gewinnfunktion

$$G = p_1(x_1) \cdot x_1 + p_2(x_2) \cdot x_2 - k_1 \cdot x_1 - k_2 \cdot x_2$$

maximiert wird, d.h. es sind die beiden partiellen Ableitungen der Gewinnfunktion nach x_1 bzw. x_2 zu bilden und gleich null zu setzen, um die gewinnmaximierenden Beträge der beiden Produktmengen zu bestimmen:

$$\underset{x_1, x_2}{\text{Max}}\, G = (2.100 - 10 \cdot x_1) \cdot x_1 + (1.050 - 20 \cdot x_2) \cdot x_2 - 100 \cdot x_1 - 50 \cdot x_2\,;$$

$$\frac{\partial G}{\partial x_1} = 2.000 - 20 \cdot x_1^* = 0\,;$$

$$\frac{\partial G}{\partial x_2} = 1.000 - 40 \cdot x_2^* = 0\,;$$

$$x_1^* = 100;\ x_2^* = 25;\ G^* = 112.500\,.$$

Teilaufgabe b):

Um dieses Programm zu realisieren, müssen die beiden potentiellen Engpässe mit folgenden Kapazitäten zur Verfügung stehen:

$$4 \cdot x_1^* + 16 \cdot x_2^* = 800\,\text{kg} < 2.000\,\text{kg}\,;$$

$$10 \cdot x_1^* + 5 \cdot x_2^* = 1.125\,\text{h} > 720\,\text{h}\,.$$

Der Rohstoff ist nicht knapp, die Maschinenstunden sind knapp.

Teilaufgabe c):

Bezieht man die knappe Kapazität der Maschine in den Optimierungskalkül ein, ergibt sich folgender Lagrange-Ansatz:

$\text{Max}_{x_1, x_2, \lambda} L = (2.100 - 10 \cdot x_1) \cdot x_1 + (1.050 - 20 \cdot x_2) \cdot x_2 - 100 \cdot x_1 - 50 \cdot x_2 + \lambda \cdot (720 - 10 \cdot x_1 - 5 \cdot x_2);$

$$\frac{\partial L}{\partial x_1} = 2.000 - 20 \cdot x_1 - 10 \cdot \lambda = 0;$$

$$\frac{\partial L}{\partial x_2} = 1.000 - 40 \cdot x_2 - 5 \cdot \lambda = 0;$$

$$\frac{\partial L}{\partial \lambda} = 720 - 10 \cdot x_1 - 5 \cdot x_2 = 0;$$

$x_1^* = 64; \quad x_2^* = 16; \quad \lambda^* = 72; \quad G^* = 97.920.$

Der Lagrange-Multiplikator λ^* bezeichnet die inputbezogenen Opportunitätskosten (den Schattenpreis) der knappen Maschinenstunden. Er gibt die Erfolgsänderung an, die sich bei einer Änderung der Maschinenkapazität um eine Einheit ergäbe.

Teilaufgabe d):

Die wertmäßigen Kosten der beiden Produkte setzen sich aus deren pagatorischen Kosten sowie den mit den inputbezogenen Opportunitätskosten bewerteten Kapazitätsbeanspruchungen der beiden Produkte zusammen:

$$k_1^w = 100 + 10 \cdot 72 = 820;$$

$$k_2^w = 50 + 5 \cdot 72 = 410.$$

In die wertmäßigen Kosten fließt neben den pagatorischen Kosten der Knappheitspreis der Maschinenkapazität ein. Man erhält folgendes Optimierungsproblem:

$$\text{Max}_{x_1, x_2} G = p(x_1) \cdot x_1 + p(x_2) \cdot x_2 - k_1^w \cdot x_1 - k_2^w \cdot x_2 \, ;$$

$$\text{Max}_{x_1, x_2} G = (2.100 - 10 \cdot x_1) \cdot x_1 + (1.050 - 20 \cdot x_2) \cdot x_2 - 820 \cdot x_1 - 410 \cdot x_2 \, ;$$

$$\frac{\partial G}{\partial x_1} = 1.280 - 20 \cdot x_1 = 0 \, ;$$

$$\frac{\partial G}{\partial x_2} = 640 - 40 \cdot x_2 = 0 \, ;$$

$$x_1^* = 64; \, x_2^* = 16 \, .$$

Die auf Basis der wertmäßigen Kosten ermittelte Lösung entspricht genau der Lösung des Lagrange-Ansatzes bei einer Maschinenkapazität von 720 Stunden.

Wie gezeigt wurde, lassen sich die gewinnmaximalen Mengen der beiden Produkte auf Basis der wertmäßigen Kosten durch einen einfachen Optimierungsansatz bestimmen. Diese scheinbare Vereinfachung war Grund für die Entwicklung von Kostenrechnungssystemen, die auf dem Konzept der wertmäßigen Kosten beruhen. Das Konzept der wertmäßigen Kosten kann jedoch einem Zirkelschlussdilemma nicht entrinnen: Um die wertmäßigen Kosten der beiden Produkte für eine Kapazität von 720 Stunden zu bestimmen, muss die optimale Lösung unter Einbeziehung des Entscheidungsfeldes (des Lagrange-Ansatzes) bekannt sein. Es ist wenig sinnvoll, zunächst die optimale Lösung des Planungsproblems unter Einbeziehung der Knappheit der Maschine zu ermitteln, um dann zu Kostengrößen zu gelangen, mit denen sich die optimale Lösung nochmals auf einfachere Weise berechnen lässt. Die wertmäßigen Kosten ergeben sich als Nebenprodukt einer bereits bekannten optimalen Lösung. Kennt man diese Lösung, so werden wie auch immer geartete wertmäßige Kosten nicht mehr benötigt.

Teilaufgabe e):

Die zusätzlichen 405 Stunden erweitern die Kapazität auf 1.125 Stunden. Dadurch wird die Fertigung derjenigen Mengen möglich, die zum unbeschränkten Gewinnmaximum unter Teilaufgabe a) führen. Die Differenz der erzielbaren Gewinne beträgt

$$\Delta G = 112.500 - 97.920 = 14.580 .$$

Die Leasingrate darf maximal (geringfügig weniger) als 14.580 betragen.

Fall 17: Produktions- und Absatzplanung

In einer Zweiproduktunternehmung arbeiten die zuständigen Manager einer Abteilung an der kurzfristigen Produktions- und Absatzplanung. Der Planung liegen die folgenden Daten zugrunde:

- Absatzpreis für Produkt 1 $\quad p_1(x_1) = 1.250 - x_1$

- Absatzpreis für Produkt 2 $\quad p_2(x_2) = 880 - x_2$

- variable Stückkosten bei Produkt 1 $\quad k_{v1} = 530$

- variable Stückkosten bei Produkt 2 $\quad k_{v2} = 160$

Für die Maximierung des Deckungsbeitrags D sind verschiedene Restriktionen zu beachten.

- Die Absatzkanäle sind grundsätzlich beschränkt. Von beiden Produkten können zusammen nicht mehr als 1.000 Einheiten abgesetzt werden.

- Für die Bearbeitung der Aufträge stehen nur Leiharbeitskräfte zur Verfügung, insgesamt in einem Umfang von 2.000 Mannstunden. Die Fertigung einer Produkteinheit von Produkt 1 erfordert 1 Mannstunde, bei Produkt 2 sind 4 Mannstunden je Produkteinheit erforderlich.

- Für die Qualitätskontrolle der Fertigprodukte werden insgesamt maximal 90 Stunden vorgesehen. Jede zehnte Produkteinheit soll kontrolliert werden. Die Kontrolle erfordert je kontrollierter Produkteinheit 1 Stunde bei Produkt 1 und 2 Stunden bei Produkt 2.

a) Formulieren Sie das Planungsproblem als Aufgabe der *nichtlinearen* Optimierung.

b) Stellen Sie das Problem graphisch dar bei Hervorhebung

- der Restriktionen,

- der optimalen Lösung ohne die Restriktionen und

- der Kurven gleichen Deckungsbeitrags.

Welche der Restriktionen binden, welche nicht?

c) Bestimmen Sie das optimale Produktions- und Absatzprogramm mit Hilfe des Verfahrens von *Lagrange*.

d) Wie kann man aus der Lösung des Optimierungsproblems einen geeigneten Verrechnungspreis für die Qualitätskontrolle ableiten? Eignet sich dieser Verrechnungspreis für eine Delegation der Entscheidungen an die Produktverantwortlichen?

Lösungshinweise

Teilaufgabe a):

Zielfunktion:

$$D = (p_1 - k_{v1}) \cdot x_1 + (p_2 - k_{v2}) \cdot x_2$$
$$D = (720 - x_1) \cdot x_1 + (720 - x_2) \cdot x_2$$

Nebenbedingungen:

$$x_1 + x_2 \leq 1.000$$
$$x_1 + 4x_2 \leq 2.000$$
$$0,1 \cdot x_1 + 0,2 \cdot x_2 \leq 90$$
$$x_1, x_2 \geq 0$$

Teilaufgabe b):

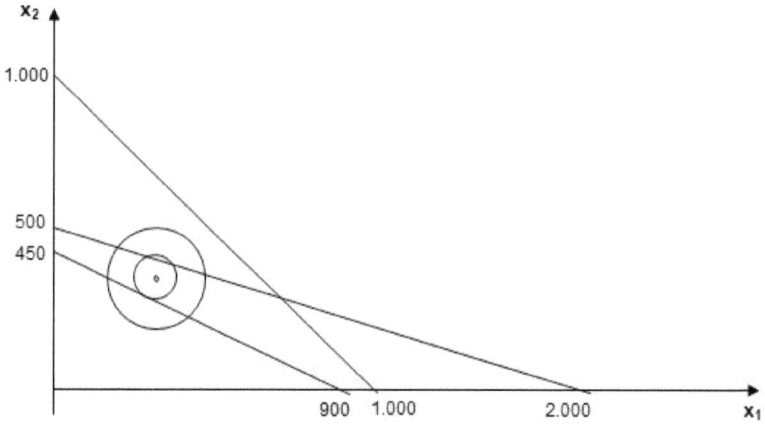

Die Grafik enthält zunächst die drei Restriktionen (jenseits der Nichtnegativitätsbedingung). Es bindet lediglich eine Restriktion, und zwar die Restriktion zur Qualitätskontrolle.

Die Fragen nach der optimalen Lösung ohne die Restriktionen und nach den Kurven gleichen Deckungsbeitrags lassen sich beantworten, wenn man die obige Zielfunktion umformt zu:

$$D = 720 \cdot x_1 - x_1^2 + 720 \cdot x_2 - x_2^2$$

$$D = -(x_1^2 - 720 \cdot x_1) - (x_2^2 - 720 \cdot x_2)$$

$$D = -(x_1 - 360)^2 + 360^2 - (x_2 - 360)^2 + 360^2$$

$$D = 259.200 - (x_1 - 360)^2 - (x_2 - 360)^2$$

Der Deckungsbeitrag wird offensichtlich dann maximal, wenn $x_1 = x_2 = 360$ ist. (Dieses Ergebnis hätte man auch erhalten, wenn man die Zielfunktion partiell nach x_1 und x_2 abgeleitet und diese Ableitungen gleich null gesetzt hätte.) Bei allen anderen Werten für x_1 und x_2 werden die Quadrate der rechten Seite der Gleichung positiv; es wird also von 259.200 subtrahiert, und der Deckungsbeitrag sinkt. Bei niedrigeren Deckungsbeiträgen sind die Kurven gleichen Deckungsbeitrages Kreise um diesen Mittelpunkt. Das Optimum mit Berücksichtigung der Restriktionen liegt offenbar dort, wo ein Kreis die relevante Restriktion tangiert. (Siehe Lösung unter c).)

Teilaufgabe c):

Beim Lagrange-Ansatz ist eine Zielfunktion bestehend aus Deckungsbeitrag plus oder minus λ multipliziert mit der Nebenbedingung in der Nullform zu maximieren:

$$L(x_1, x_2) = 720 \cdot x_1 - x_1^2 + 720 \cdot x_2 - x_2^2 - \lambda \cdot (0{,}1 \cdot x_1 + 0{,}2 \cdot x_2 - 90)$$

.

Zur Optimierung ist diese Funktion nach den drei Variablen (x_1, x_2 und λ) partiell zu differenzieren. Man erhält:

$$\frac{\partial L}{\partial x_1} = 720 - 2 \cdot x_1 - 0{,}1 \cdot \lambda = 0,$$

$$\frac{\partial L}{\partial x_2} = 720 - 2 \cdot x_2 - 0{,}2 \cdot \lambda = 0,$$

$$\frac{\partial L}{\partial \lambda} = 0{,}1 \cdot x_1 + 0{,}2 \cdot x_2 - 90 = 0.$$

Daraus   gewinnt   man   folgende   Lösungen:
$x_1^* = 324; x_2^* = 288; \lambda^* = 720; D^* = 252.720$.

Teilaufgabe d):

Der Lagrange-Multiplikator λ gibt die Gewinnsteigerung an, die sich ergäbe, wenn die relevante Restriktion um eine Einheit erhöht würde, also den Grenzgewinn einer Kapazitätssteigerung um eine Einheit. λ ist somit der Schattenpreis einer Stunde Qualitätskontrolle.

Setzt man λ als Verrechnungspreis für Zwecke der Entscheidungssteuerung nachgelagerter Instanzen ein, so treffen diese Instanzen zwar die im Sinne der Gesamtunternehmung richtige Entscheidung, doch bringt dies letztlich nichts, da zur Ermittlung von λ die optimale Entscheidung schon bestimmt sein muss.

Fall 18: Optimaler Leistungsgrad

Gegeben sind 2 mengenspezifische Verbrauchsfunktionen einer Stanzmaschine, die den jeweiligen Faktorverbrauch (z. B. Energie, Schmiermittel) p_j (j = 1, 2) pro Ausbringungsmenge x in Abhängigkeit vom Leistungsgrad (Intensität) d der Maschine beschreiben:

$$\frac{p_1}{x}(d) = 0{,}5d^2 - 3d + 10$$

$$\frac{p_2}{x}(d) = d^2 - 10d + 30$$

a) Gesucht ist der optimale Leistungsgrad, wenn die Faktorpreise $\pi_1 = 2$ und $\pi_2 = 3$ betragen.

b) Ist in 5 Zeiteinheiten eine Ausbringung in Höhe von 25 mit dem optimalen Leistungsgrad realisierbar?

c) Welche Kosten entstehen beim optimalen Leistungsgrad in 5 Zeiteinheiten?

d) Wie lautet die Funktion der Kosten in Abhängigkeit von der Ausbringung bei kombinierter zeitlich-intensitätsmäßiger Anpassung, wenn die Produktionszeit auf maximal 20 Zeiteinheiten beschränkt ist?

e) Welche Kostendifferenz zwischen beiden Anpassungsformen ergibt sich bei einer Ausbringung von x = 50 ?

f) Unter welchen Bedingungen kann es günstig sein, ein „Intensitätssplitting" zu betreiben?

Lösungshinweise

Teilaufgabe a):

Der Leistungsgrad d einer Maschine wird auch als Produktionsgeschwindigkeit verstanden und ist somit eine Größe „Ausbringungsmenge (x) je Zeiteinheit (ZE)".

Der optimale Leistungsgrad d bei gegebenen Faktorpreisen wird bei der Intensität realisiert, bei der die Stückkostenfunktion ihr Minimum erreicht. Bei dem vorliegenden u-förmigen Stückkostenverlauf ist das Minimum dadurch charakterisiert, dass die erste Ableitung der Stückkostenfunktion gleich Null ist (notwendige Bedingung für das Vorliegen eines Extremums), wobei die zweite Ableitung größer Null ist (hinreichende Bedingung für das Vorliegen eines Minimums).

1. Aufstellung der Stückkostenfunktion in Abhängigkeit vom Leistungsgrad:

$$k_v(d) = \left(\frac{p_1}{x}(d)\right) \cdot \pi_1 + \left(\frac{p_2}{x}(d)\right) \cdot \pi_2$$

$$k_v(d) = \left(0{,}5d^2 - 3d + 10\right) \cdot 2 + \left(d^2 - 10d + 30\right) \cdot 3$$

$$k_v(d) = 4d^2 - 36d + 110$$

2. Bestimmung des optimalen Leistungsgrades (erste Ableitung = 0 und zweite Ableitung > 0):

$$k_v{}'(d) = 8d - 36 = 0 \Rightarrow d = 4{,}5$$

$$k_v{}''(d) = 8 > 0 \Rightarrow \text{also handelt es sich um ein Minimum}$$

→ Der optimale Leistungsrad d^{opt} wird somit bei einer Intensität von d = 4,5 x/ZE erreicht.

Teilaufgabe b):

Beim optimalen Leistungsgrad d^{opt} können produziert werden: d · 5 = 4,5 · 5 = 22,5 Stk.

In 5 ZE ist beim optimalen Leistungsgrad somit lediglich eine Ausbringungsmenge von 22,5 Stk. realisierbar.

Teilaufgabe c):

Hierzu sind zunächst die Stückkosten bei d^{opt} = 4,5 x/ZE zu bestimmen:

$k_v(d) = 4d^2 - 36d + 110$

$k_v(4,5) = 4 \cdot 4,5^2 - 36 \cdot 4,5 + 110 = 29$

Zur Bestimmung der Gesamtkosten in 5 ZE multipliziert man die Stückkosten mit der in 5 ZE produzierbaren Menge (vgl. Teilaufgabe (2)).

Gesamtkosten in 5 ZE: $K_v(4,5) = k_v(4,5) \cdot 22,5 = 29 \cdot 22,5 = 652,5$

Teilaufgabe d):

Ist die geplante Ausbringung bei der zeitlich-intensitätsmäßigen Anpassung höchstens gleich der optimalen Ausbringung, dann sollte die Maschine mit ihrer optimalen Intensität arbeiten und die Arbeitszeit an die geplante Ausbringungsmenge angepasst werden. Eine höhere Ausbringungsmenge – bis zur maximalen Kapazität – kann durch intensitätsmäßige Anpassung produziert werden.

Es ergibt sich folgender Zusammenhang für die Stückkostenfunktion $k_v(d)$:

$$k_v(d) = \begin{cases} 29 & \text{für } 0 < d \leq 4,5 \\ 4d^2 - 36d + 110 & \text{für } d > 4,5 \end{cases}$$

Für die Intensität bezogen auf eine Ausbringungsmengeneinheit in 20 ZE gilt:

77

$$d = x / ZE \Rightarrow d = x / 20 = \frac{1}{20} \cdot x$$

Dies führt zu folgender Stückkostenfunktion bezogen auf die Ausbringungsmenge x in 20 ZE:

$$k_v(x) = \begin{cases} 29 & \text{für } 0 < x \le 20 \cdot 4{,}5 \\ 4 \cdot \left(\frac{1}{20} x\right)^2 - 36 \cdot \frac{1}{20} x + 110 & \text{für } x > 20 \cdot 4{,}5 \end{cases}$$

$$k_v(x) = \begin{cases} 29 & \text{für } 0 < x \le 90 \\ 0{,}01x^2 - 1{,}8x + 110 & \text{für } x > 90 \end{cases}$$

und zu folgender Gesamtkostenfunktion:

$$K_v(x) = \begin{cases} 29x & \text{für } 0 \le x \le 90 \\ 0{,}01x^3 - 1{,}8x^2 + 110x & \text{für } x > 90 \end{cases}$$

Teilaufgabe e):

Bei zeitlicher Anpassung fallen Kosten in Höhe von: 29 · 50 = 1.450 an.

Bei intensitätsmäßiger Anpassung fallen hingegen Kosten in Höhe von

0,01 · 50³ ./. 1,8 · 50² + 110 · 50 = 2.250 an.

Kostendifferenz: 2.250 ./. 1.450 = 800

Teilaufgabe f):

Das Einstellen von genau zwei Leistungsgraden auf einer Maschine zur Erzeugung einer bestimmten Ausbringungsmenge – Intensitätssplitting – kann sinnvoll sein, wenn eine zeitliche Anpassung nicht möglich oder eine Unterbrechung kurzfristig nicht möglich bzw. mit zu hohen Kosten verbunden ist. Die Maschine wechselt dann zwischen zwei Produktionsgeschwindigkeiten, so dass der Kostenverlauf günstiger ist als bei rein intensitätsmäßiger Anpassung, bei der mit einer konstanten Intensität gearbeitet wird. Voraussetzung ist hierfür jedoch, dass die Umstellungskosten nicht prohibitiv hoch sind. Sollten die Kosten für den Wechsel der Intensität auf den anderen Leistungsgrad höher als die zu erwartende Kostenersparnis sein, ist unter Wirtschaftlichkeitsgesichtspunkten von einem Intensitätssplitting abzusehen.

Fall 19: Verrechnungspreise

a) Beschreiben und erläutern Sie kurz die wesentlichen Funktionen und Arten von Ver-rechnungspreisen sowie eine ausgewählte Problematik in diesem Zusammenhang.

b) Die Schreibkönig GmbH ist ein führendes Unternehmen im Premium-Schreibwaren-markt. Das Unternehmen besteht aus einem Produktionsbereich in Bayreuth und ei-nem Vertriebsbereich in München. Der Produktionsbereich stellt hochwertige Kugel-schreiber her; diese werden von dem Vertriebsbereich verpackt und vertrieben. Der Vertriebsbereich hat folgende Preisabsatzfunktion ermittelt:

$p(x)= -5\ x+250\ (x=Produktionsmenge)$

Die Grenzkostenfunktion der Produktion lautet:

$$k_P = \left\{ \begin{array}{l} 25 \quad f\ddot{u}r\ \ 0 \le x < 10 \\ 2{,}5x \quad f\ddot{u}r\ 10 \le x \le 30 \end{array} \right\}$$

Die variablen Vertriebskosten sind:

$k_V = 10$

Bestimmen Sie die Erlösfunktion, die Grenzerlösfunktion und die Grenzgewinnfunktion der Vertriebsabteilung.

c) Skizzieren Sie die Preisabsatzfunktion, die Grenzerlösfunktion und die Grenzgewinnfunktion der Vertriebsabteilung gemeinsam mit der Grenzkostenfunktion der Produktionsabteilung in einer geeigneten Abbildung.

d) Ermitteln Sie mit Hilfe eines Optimierungskalküls analytisch den Verrechnungspreis, der bei dezentraler Planung vorgegeben werden müsste, damit sowohl die Abteilungsgewinne als auch der Gesamtgewinn des Unternehmens maximiert werden. Zeichnen Sie Ihr Ergebnis in die Grafik ein.

e) Zeigen Sie, welches Ergebnis sich bei einem Verrechnungspreis von 25 EUR und bei einem Verrechnungspreis von 100 EUR ergibt.

Lösungshinweise

Teilaufgabe a):

Funktionen:

- Erfolgsermittlung für Unternehmensbereiche zur Beurteilung ihres Gewinnbeitrags.
- Koordination und Lenkung der Bereichsleitungen.
- Steuergestaltungsfunktion.

Arten:

- Marktorientierte Verrechnungspreise.
- Kostenorientierte Verrechnungspreise (Grenzkosten sind optimal für Lenkungsfunktion).
- Verhandelte Verrechnungspreise.

Problematik:

Wenn zwei Unternehmensbereiche Leistungen zu einem zu hohen oder zu niedrigen Verrechnungspreis austauschen, führt dies nicht zum optimalen Gewinn für das Gesamtunternehmen.

Teilaufgabe b):

Bestimmung von Erlösfunktion, Grenzerlösfunktion und Grenzgewinnfunktion für die Vertriebsabteilung

Erlösfunktion: $U(x) = p(x) \times x = (-5x + 250) \times x = -5x^2 + 250x$

Grenzerlösfunktion: $U'(x) = -10x + 250$

Grenzgewinnfunktion Vertrieb:

$$G_V'(x) = U'(x) - k_v(x) = (-10x + 250) - 10 = -10x + 240$$

Teilaufgabe c):

Skizze

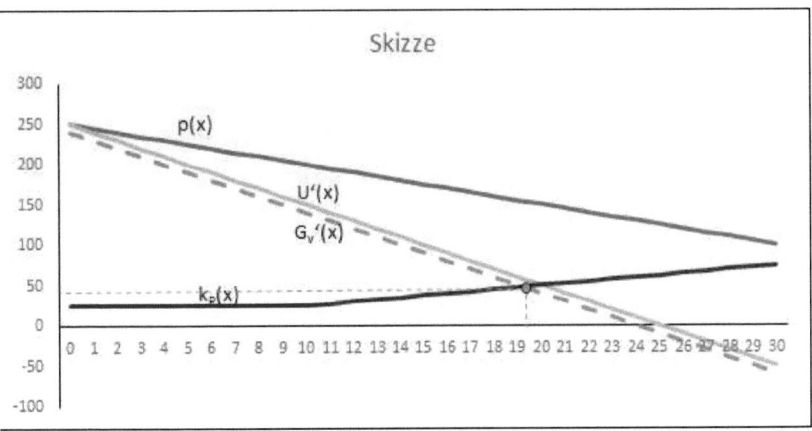

Teilaufgabe d):

Bestimmung des optimalen Verrechnungspreises

Die beiden Abteilungen Produktion und Vertrieb kommen genau dann zur abgestimmten Mengenentscheidung, wenn der Grenzgewinn der Vertriebsabteilung (abnehmender Bereich) den Grenzkosten der Abteilung Produktion (liefernder Bereich) entspricht.

Es gilt: $G'_V(x) = k_P(x)$

Für den ersten Bereich der Grenzkosten ergibt die Gleichsetzung von Grenzgewinn und Grenzkosten

$G'_V(x) = k_P(x)$: $-10x + 240 = 25 \rightarrow x = 21,5$

Die Lösung liegt außerhalb des Grenzkostenintervalls, ist also nicht zulässig.

Für den zweiten Bereich der Grenzkosten ergibt die Gleichsetzung von Grenzgewinn und Grenzkosten:

$G'_V(x) = k_P(x)$: $-10x + 240 = 2,5x \rightarrow x = 19,2$

Für die gewinnmaximale Menge 19,2 ergeben sich für die Abteilung Produktion Grenzkosten in Höhe von

$$k_P(x) = 2,5x = 2,5 \times 19,2 = 48$$

Der Verrechnungspreis, bei dem eine eigenständige Gewinnmaximierung der beiden Abteilungen zu einer abgestimmten Mengenerzeugung und zum Gewinnmaximum der Gesamtunternehmung führt, beträgt 48.

Teilaufgabe e):

Ergebnisse bei Verrechnungspreisen in Höhe von 25 bzw. 100:

Verrechnungspreis von 25:

Durch die Gleichsetzung von Grenzkosten und Grenzerlösen kommt man zur folgenden Lösung:

Abteilung Produktion: $\quad k_P(x) = U'_P(x) \implies 2,5 \times x = 25 \quad \rightarrow x = 10$

Abteilung Vertrieb: $\quad k_V(x) = U'_V(x) \implies 25 + 10 = -10 \times x + 250$

$$\rightarrow x = 21,5$$

Die Abteilung Vertrieb fragt 21,5 Mengeneinheiten nach, die Abteilung Produktion ist aber nur bereit 10 Mengeneinheiten zu liefern.

Verrechnungspreis von 100:

Durch die Gleichsetzung von Grenzkosten und Grenzerlösen kommt man zur folgenden Lösung:

Abteilung Produktion: $\quad k_P(x) = U'_P(x) \implies 2,5 \times x = 100 \quad \rightarrow x = 40$

Abteilung Vertrieb: $\quad k_V(x) = U'_V(x) \implies 100 + 10 = -10 \times x + 250$

$$\rightarrow x = 14$$

Die Abteilung Vertrieb fragt nur 14 Mengeneinheiten nach, obwohl die Abteilung Produktion 40 Mengeneinheiten liefern möchte.

Fall 20: Verrechnungspreise als Lenkpreise

Ein Unternehmen besteht aus drei Bereichen. Der erste Bereich fertigt ein Zwischenprodukt, das vom zweiten Bereich zu einem weiteren Zwischenprodukt weiter verarbeitet wird. Der dritte Bereich erzeugt damit ein Endprodukt, das am Markt verkauft werden kann. Dabei gilt folgende Preis/Absatz-Funktion:

$$p(x) = 104 - x^2/6.$$

Die Kostenfunktionen der Bereiche lauten:

$$K_1(x) = x^3/6 + 40; \quad K_2(x) = x^2/2 + 50; \quad K_3(x) = 2x^2 + 30.$$

a) Bestimmen Sie das Gewinnoptimum des Unternehmens!

b) Bestimmen Sie diejenigen Verrechnungspreise, die zur optimalen Abstimmung der Bereiche, bei isolierter Gewinnmaximierung der Bereiche zu einem Gewinnoptimum der Gesamtunternehmung führen! Wie hoch sind die Gewinne der Bereiche und der Gesamtgewinn?

Lösungshinweise

Teilaufgabe a):

Der Gewinn des Unternehmens ist gleich dem Erlös (Menge x Preis) abzüglich der gesamten Kosten. Da die Produktionsmengen aller Bereiche gleich der Menge des Endproduktes sind – damit sind die Stufeneinsatzfaktoren alle gleich 1 - können die Bereichskostenfunktionen durch Addition zur Kostenfunktion des Gesamtunternehmens zusammengefasst werden. Von der Gewinnfunktion

$$G(x) = 104x - \frac{1}{6}x^3 - \frac{1}{6}x^3 - 40 - \frac{1}{2}x^2 - 50 - 2x^2 - 30;$$

$$G(x) = -\frac{1}{3}x^3 - \frac{5}{2}x^2 + 104x - 120$$

ist die erste Ableitung zu bilden:

$$\frac{dG}{dx} = -x^2 - 5x + 104.$$

Durch Nullsetzen der ersten Ableitung kann die optimale Produktmenge x_0 berechnet werden:

$$x_0^2 + 5x_0 = 104;$$

$$x_0^2 + 5x_0 + 2,5^2 = 104 + 2,5^2;$$

$$(x_0 + 2,5)^2 = 110,25;$$

$$x_0 + 2,5 = 10,5;$$

$$x_0 = 8.$$

Durch Einsetzen in die Preis/Absatz-Funktion lässt sich der optimale Preis ermitteln:

$$p_0 = 93,33.$$

Nach Einsetzen von Preis und Menge in die Gewinnfunktion erhält man das Gewinnoptimum des Unternehmens:

$$G_0 = 381,33 .$$

Teilaufgabe b):

Das Problem ist: Wie sind die Verrechnungspreise zwischen den Abteilungen zu setzen, damit die formal selbständig handelnden Bereiche sich so verhalten, dass von diesen Entscheidungen getroffen werden, die zum Gewinnoptimum des Unternehmens führen? Die Antwort lautet: in Höhe der Grenzkosten des leistenden Bereiches!

Für die optimale Menge von $x_0 = 8$ ergeben sich folgende Verrechnungspreise:

$$K_1(x) = \frac{1}{6}x^3 + 40 \quad \Rightarrow \quad \frac{dK_1}{dx} = \frac{1}{2}x^2 \quad \Rightarrow \quad 32 \text{ für } x = 8$$

$$K_2(x) = \frac{1}{2}x^2 + 50 \quad \Rightarrow \quad \frac{dK_2}{dx} = x \quad \Rightarrow \quad 8 \text{ für } x = 8 \quad \Rightarrow \quad 8 + 32 = 40$$

Die gesuchten Verrechnungspreise betragen somit 32 für die vom ersten Bereich gelieferten Produkteinheiten und 40 (8 eigene Kosten plus 32 Verrechnungspreis des ersten Bereichs) für die vom zweiten Bereich gelieferten Produkteinheiten. Dann ergeben sich die nachfolgenden Bereichsgewinne:

$$G_1(x) = 32 \cdot 8 - \frac{1}{6}8^3 - 40 = 130,67 ;$$

$$G_2(x) = 40 \cdot 8 - 32 \cdot 8 - \frac{1}{2}8^2 - 50 = -18 ;$$

$$G_3(x) = 93,33 \cdot 8 - 40 \cdot 8 - 128 - 30 = 268,67 .$$

Die Summe der Bereichsgewinne entspricht dem unter a) ermittelten Gewinnoptimum des Gesamtunternehmens in Höhe von 381,33.

In der Aufgabenstellung wurde nicht verlangt nachzuweisen, dass die ermittelten Verrechnungspreise tatsächlich dazu führen, dass die selbständig kalkulierenden Bereiche die aus Sicht der Gesamtunternehmung optimale Menge von 8 erzeugen. Dies zeigt eine isolierte Bereichsoptimierung. Für den zweiten Bereich ergibt sich z.B.:

$$G_2(x) = 40x - \frac{1}{2}x^2 - 50 - 32x \; ;$$

$$G_2(x) = 8x - \frac{1}{2}x^2 - 50 \; ;$$

$$\frac{dG_2}{dx} = 8 - x_0 = 0 \; ;$$

$$x_0 = 8 \, .$$

Fall 21: Plankostenrechnung auf Vollkostenbasis

Für die Fertigungskostenstelle eines Unternehmens sind die anfallenden Gemeinkosten mit einem Betrag von 248.000 Euro geplant worden. Als Bezugsgröße wurde mit einer erwarteten Fertigungszeit von 310 Tagen und einer täglichen Fertigungszeit von 12 Stunden gerechnet. Für den Variator (Kostenänderungsfaktor) wurde der Wert 6 angesetzt. Gegenüber der Planung ist in der Planperiode ein Fertigungsausfall von 372 Stunden eingetreten, die Istkosten betragen 240.520 Euro.

a) Bestimmen Sie die Plan- und die Istbeschäftigung und deren prozentuale Abweichung.

b) Bestimmen Sie die fixen und die gesamten proportionalen Plankosten bei Planbeschäftigung und geben Sie die Kostenfunktion an.

c) Bestimmen Sie die Sollkosten und die verrechneten Plankosten bei Istbeschäftigung.

d) Wie hoch sind die Beschäftigungs- und die Verbrauchsabweichung?

Lösungshinweise

Teilaufgabe a):

Berechnung der Plan- und Istbeschäftigung

Planbeschäftigung: $x_p = 310 \times 12 = 3.720$ Stunden

Istbeschäftigung: $x_i = 3.720 - 372 = 3.348$ Stunden

Abweichung $= 3.348/3.720 - 1 = -0,1 = -10\,\%$

Teilaufgabe b):

Berechnung der fixen und der gesamten proportionalen Plankosten bei Planbeschäftigung sowie Angabe der Kostenfunktion

$K_v = 6/10 \times 248.000 = 148.800$ €

$K_F = 248.000 - 148.800 = 99.200$ €

$k_v = 148.800/3.720 = 40$ €/Stunde

Kostenfunktion: $K(x) = 99.200 + 40\,x$

Teilaufgabe c):

Berechnung der Sollkosten und der verrechneten Plankosten bei Istbeschäftigung

Verr Plankosten: $K_{pi} = \dfrac{K_p}{x_p} \times x_i = \dfrac{248.000}{3.720} \times 3.348 = 223.200$

Sollkosten: $K_{si} = \dfrac{K_p^v}{x_p} \times x_i + K_p^F = \dfrac{148.800}{3.720} \times 3.348 + 99.200 =$ 233.120

Teilaufgabe d):

Berechnung der Beschäftigungs- und der Verbrauchsabweichung

Verbrauchsabweichung: $K_i - K_{si} = 240.520 - 233.120 = 7.400$

Beschäftigungsabweichung: $K_{si} - K_{pi} = 233.120 - 223.200 = 9.920$

Fall 22: Abweichungsanalyse

Die Kostenkontrolle für eine Fertigungsabteilung eines Industrieunternehmens erfolgt mit Hilfe einer Plankostenrechnung auf Vollkostenbasis. Die Controller des Unternehmens verwenden dabei zwei typische Annahmen. Erstens gehen sie davon aus, dass es einen linearen Zusammenhang zwischen der Beschäftigung x und den gesamten Kosten einer Kostenart gibt, also

$$K = K_f + k_v \cdot x,$$

wobei es sich bei K_f um die Fixkosten und bei k_v um die stückbezogenen variablen Kosten handelt. Zweitens arbeiten sie gern mit der Annahme, dass die geplanten Fixkosten ebenso groß sind wie die tatsächlichen Fixkosten.

Zu Beginn einer Abrechnungsperiode wird die Beschäftigung x_p geplant. am Ende der Abrechnungsperiode steht fest, wie groß die Beschäftigung tatsächlich gewesen ist, nämlich x_i. Am Ende der Abrechnungsperiode pflegen die Controller sowohl die Beschäftigungs- als auch die Verbrauchsabweichung zu ermitteln.

a) Wie groß ist die Beschäftigungsabweichung, wenn die Ist-Beschäftigung um 12% über der Plan-Beschäftigung liegt? Beschreiben Sie das Resultat in Abhängigkeit von den oben genannten Variablen in allgemeiner Form und geben Sie eine Begründung für das Ergebnis.

b) Was versteht man unter einer Verbrauchsabweichung? Nennen Sie drei Ursachen, auf die eine Verbrauchsabweichung zurückzuführen sein könnte.

c) Beschreiben Sie exemplarisch, wie man vorgehen kann, um die Verbrauchsabweichung in ihre Komponenten zu zerlegen. Sprechen Sie auch die Probleme an, die dabei typischerweise auftreten.

Lösungshinweise

Teilaufgabe a):

Es liegt aufgrund der Aufgabenformulierung nahe, die Plan-Beschäftigung mit 100 und die Ist-Beschäftigung mit 112 anzusetzen. Die Beschäftigungsabweichung BA (auch verrechnete Beschäftigungsabweichung) ist die Differenz zwischen den Sollkosten bei Istbeschäftigung K_{si} und den verrechneten Plankosten bei Istbeschäftigung K_{pi}. Dann gilt:

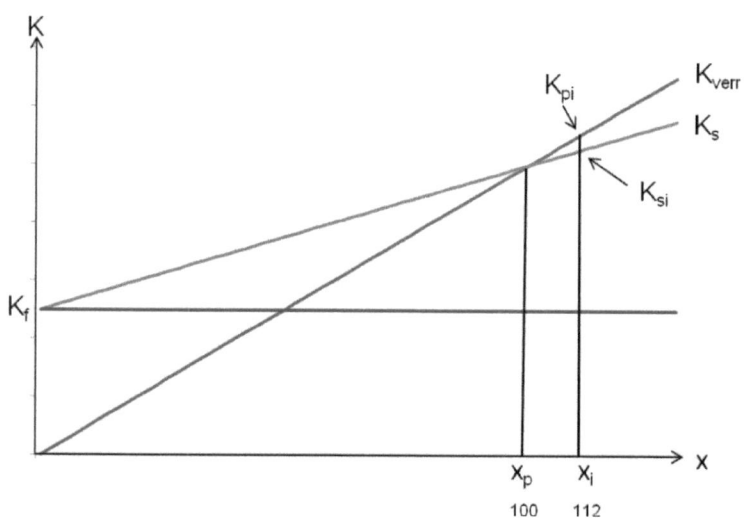

$$BA = K_{si} - K_{pi} = [K_f + k_v \cdot 112] - [\frac{K_f + k_v \cdot 100}{100} \cdot 112];$$

$$BA = -0{,}12 \cdot K_f.$$

Die Beschäftigungsabweichung ist negativ in Höhe von 12% der Fixkosten. Aufgrund der Proportionalisierung der Fixkosten werden in den verrechneten Plankosten bei Ist-Beschäftigung 12% der Fixkosten zuviel verrechnet. Deutet man die verrechneten Plankosten als Kostenentlastung der Abteilung, so wird dieser Betrag zuviel gutgeschrieben, die Kostenbeurteilung fällt insofern günstiger aus und muss bei der Abteilungsbeurteilung korrigiert werden.

Teilaufgabe b):

Die Verbrauchsabweichung VA ist die Differenz aus Istkosten (bei Ist-Beschäftigung bewertet zu Planpreisen) und Sollkosten bei Istbeschäftigung. Es ist die nach Bereinigung um von der Abteilung in aller Regel nicht zu vertretende Kostenabweichungen (insbesondere Preisabweichung und Beschäftigungsabweichung) verbleibende Kostenüberschreitung. Die VA dient der Beurteilung der Kosteneffizienz in der Abteilung.

Ursachen für eine Verbrauchsabweichung können sein:

- Unwirtschaftlichkeiten verschiedenster Art (Verschnitt, Verderb, unangemessen langsames Arbeiten, Änderungen des Mitarbeiterstammes etc.);

- mindere Qualität der Materialien;

- auftragsbedingte Abweichungen (nachträglich geänderte Kundenwünsche zur Produktgestaltung, Änderungen der Auftragszusammensetzung, Änderungen der Losgrößen).

Die Beurteilung einer Abteilung anhand der Verbrauchsabweichung ist offenbar nicht unproblematisch. Die vorherige Abgrenzung von bestimmten Abweichungen, die von der Abteilung nicht zu vertreten sind, schließt keineswegs aus, dass in der verbleibenden Verbrauchsabweichung im Einzelfall noch Komponenten enthalten sind, die von der Abteilung ebenfalls nicht zu vertreten sind. Diese Einflüsse sind zu würdigen und ggf. zu eliminieren.

Teilaufgabe c):

Zur Zerlegung der Verbrauchsabweichung in verschiedene Komponenten bedarf es eines funktionalen Zusammenhangs zwischen Kosten und einzelnen Einflussgrößen. Sind diese Abhängigkeiten bekannt oder ermittelbar, kann von bestimmten Ausprägungen der Einflussgrößen (Verschnitt, Arbeitsgeschwindigkeit, Materialqualität etc.) auf die Höhe der Kostenüberschreitung geschlossen werden.

Eine Abweichungszerlegung wird möglich, wenn sich die Einflüsse additiv ergeben, also voneinander unabhängig sind (sog. Abweichungen erster Ordnung). Beeinflussen sich dagegen die einzelnen Komponenten, so ist eine Zuordnung ggf. nicht mehr möglich, bzw. das Ergebnis hängt von der Reihenfolge der Analyse einzelner Komponenten ab (sog. Abweichungen zweiter Ordnung). Ein Beispiel hierfür ist etwa der Zusammenhang zwischen Faktorqualität und Arbeitsgeschwindigkeit: die Arbeitsgeschwindigkeit kann originäre, in der Person des Mitarbeiters liegende Gründe haben, kann aber auch durch die Faktorqualität verursacht sein. Eine überzeugende Zuordnung kann schwierig oder unmöglich werden.

Fall 23: Abweichungsanalyse

Ein Hersteller für TV-Geräte plant und kontrolliert seine Kosten im Rahmen einer flexiblen Plankostenrechnung auf Vollkostenbasis. Für eine Fertigungsstelle liegen folgende Plandaten für den kommenden Monat vor:

- Geplante Fertigungsmenge: 10.000 Stück

- Geplante Arbeitszeit: 2 Stunden je Stück

- Geplante Gemeinkosten: 2.000.000 €, davon fix: 400.000 €

a) Bestimmen Sie die Kostenfunktion dieser Kostenstelle in Abhängigkeit von der Einflussgröße „Arbeitsstunden".

b) Ermitteln Sie die Verbrauchs- und die Beschäftigungsabweichung rechnerisch, wenn am Ende des Monats folgende Ist-Daten realisiert wurden:

- Ist-Fertigungsmenge: 7.000 Stück

- Ist-Arbeitszeit: 14.000 Stunden

- Ist-Gemeinkosten: 1.700.000 €)

c) Berechnen Sie die Ist-Kosten je Arbeitsstunde und analysieren Sie die Differenz zum Plankostenverrechnungssatz.

d) Der Leiter der Fertigungsstelle behauptet, dass er aufgrund der geänderten Produktionsmenge die in Teilaufgabe b) ermittelten Abweichungen nicht zu verantworten habe. Wie beurteilen Sie seine Verantwortlichkeit für die verschiedenen Abweichungsarten?

Lösungshinweise

Teilaufgabe a):

Zu den fixen Kosten von 400.000 € treten variable Kosten je Arbeitsstunde hinzu. Diese variablen Kosten je Arbeitsstunde h betragen

$$\frac{1.600.000}{10.000 \cdot 2} = 80 \left\{ \frac{€}{h} \right\}.$$

Die Kosten als Funktion der geleisteten Arbeitsstunden betragen somit:

$$K(h) = 400.000 + 80h$$

Teilaufgabe b):

Neben den in der Aufgabenstellung genannten Istkosten K_i werden zur Ermittlung der genannten Abweichungen die Sollkosten bei Istbeschäftigung K_{si} und die verrechneten Plankosten bei Istbeschäftigung K_{pi} benötigt. Die Sollkosten bei Istbeschäftigung betragen:

$$K_{si} = 400.000 + 80 \cdot 14.000 = 1.520.000.$$

Die verrechneten Plankosten ergeben sich durch Proportionalisierung der Vorgabekosten (2.000.000) bei Planbeschäftigung (20.000 Arbeitsstunden); die Plankosten je Arbeitsstunde (Plankostenverrechnungssatz) betragen somit 100. Für die verrechneten Plankosten bei Istbeschäftigung erhält man deshalb:

$$K_{pi} = 100 \cdot 14.000 = 1.400.000.$$

Die erfragten Abweichungen sind nun ermittelbar:

Verbrauchsabweichung:

$$VA = K_i - K_{si} = 1.700.000 - 1.520.000 = 180.000$$

Beschäftigungsabweichung:

$$BA = K_{si} - K_{pi} = 1.520.000 - 1.400.000 = 120.000$$

Teilaufgabe c):

Istkosten je Arbeitsstunde: $\dfrac{1.700.000}{14.000} = 121{,}43$

Differenz zum Plankostenverrechnungssatz: $121{,}43 - 100 = 21{,}43$

Diese Differenz (Mehrkosten je Arbeitsstunde) ist zum Teil durch einen höheren Verbrauch, zum Teil durch die niedrigere Beschäftigung begründet:

Verbrauchsbegründete Mehrkosten:

$$\frac{VA}{Ist - Arbeitszeit} = \frac{180.000}{14.000} = 12{,}86 ;$$

Beschäftigungsbegründete Mehrkosten:

$$\frac{BA}{Ist - Arbeitszeit} = \frac{120.000}{14.000} = 8{,}57 .$$

In der Summe ergibt sich der Plankostenverrechnungssatz.

Teilaufgabe d):

Die Verbrauchsabweichung entsteht durch einen gegenüber dem Plan höheren Verbrauch an Produktionsfaktoren. Diesen Mehrverbrauch hat der Stellenleiter zu vertreten, es sei denn, die Planung stellt sich als unangemessen heraus (zu niedrig angesetzte Sollkosten), was einer detaillierten Analyse und Begründung bedürfte.

Die Beschäftigungsabweichung entsteht durch eine die Planbeschäftigung unterschreitende Istbeschäftigung. Dies wird der Stellenleiter in der Regel nicht zu vertreten haben, es sei denn, die niedrige Beschäftigung wurde durch organisatorische oder sonstige Mängel in der Abteilung selbst hervorgerufen.

Fall 24: Grenzplankostenrechnung

Eine Unternehmung besteht aus den vier Hilfskostenstellen KS_1 (Fuhrpark), KS_2 (Werkstatt), KS_3 (Lager), KS_4 (Arbeitsvorbereitung) sowie den Hauptkostenstellen KS_5 (Fertigung Produkt x_1) und KS_6 (Fertigung Produkt x_2). Das verwendete Kostenrechnungssystem ist eine Grenzplankostenrechnung (GPKR). Über die Kostenstellen liegen die folgenden Informationen vor:

Die Planbezugsgröße für den Fuhrpark (KS_1) wird auf 100.000 Plankilometer festgesetzt, davon 20.000 km für die Werkstatt (KS_2), 20.000 km für das Lager (KS_3) sowie 60.000 km für die Arbeitsvorbereitung (KS_4). Die primären, variablen Gemeinkosten von KS_1 betragen 120.000 €.

Planbezugsgröße für die Werkstatt (KS_2) sind 1.000 h geplante Reparaturzeiten, davon 200 h für den Fuhrpark (KS_1), 200 h für das Lager (KS_3) sowie 600 h für die Arbeitsvorbereitung (KS_4). Die primären, variablen Gemeinkosten in KS_2 betragen 140.000 €.

Planbezugsgröße für das Lager (KS_3) sind 10.000 Eingangsvorgänge (EV), davon 2.000 EV für die Werkstatt (KS_2) sowie 8.000 EV für die Arbeitsvorbereitung (KS_4). Die primären, variablen Gemeinkosten in KS_3 betragen 980.000 €.

Planbezugsgröße für die Arbeitsvorbereitung (KS_4) sind die geplanten Fertigungsminuten in den Hauptkostenstellen KS_5 und KS_6. Die *primären* und *sekundären* variablen Gemeinkosten von KS_4 werden dabei gemäß den in KS_5 und KS_6 angefallenen Fertigungsminuten auf diese Stellen verteilt. Je Stück x_1 (x_2) fallen in KS_5 (KS_6) 5.000

(20.000) Minuten Bearbeitungszeit an, und die Unternehmung rechnet damit, von beiden Produkten in der fraglichen Periode jeweils 2 Stück zu produzieren und abzusetzen (dabei handelt es sich auch um die jeweiligen Absatzobergrenzen). Die primären, variablen Gemeinkosten in KS_4 betragen 760.000 €.

Die primären, variablen Gemeinkosten in KS_5 (KS_6) betragen 600.000 € (1.400.000 €). Während es sich bei x_1 um ein seit Jahren eingeführtes Produkt handelt, stellt x_2 eine absolute Neuentwicklung dar, die eben erst am Markt eingeführt wurde. Für beide Endprodukte liegen zudem die folgenden Zusatzinformationen vor:

Produkt	x_1	x_2
Geplanter Absatzpreis in €	1.000.000	2.000.000
Einzelkosten in €	250.000	600.000

a) Welche Art von Bezugsgröße liegt für die Verhältnisse in KS_4 vor? Begründen Sie Ihre Antwort!

b) Bestimmen Sie Plankostenverrechnungssätze für 1 Plan-Kilometer (KS_1), 1 Plan-Reparaturstunde (KS_2) sowie 1 Plan-Eingangsvorgang (KS_3)!

c) Wie hoch sind die geplanten Stück-Deckungsbeiträge für x_1 bzw. x_2? (Hinweis: Falls Sie mit der Lösung von Teilaufgabe b) Schwierigkeiten hatten, rechnen Sie mit folgenden Verrechnungssätzen weiter: Für KS_1 2 €/km, für KS_2 400 €/h, für KS_3 110 €/EV.)

d) Welche generelle Problematik der GPKR wird bezüglich der für die Planperiode getroffenen Annahmen deutlich? Diskutieren Sie insbesondere anhand der Verhältnisse von KS_4, ob in typischen nachgelagerten Planungsrechnungen auf Basis der Ergebnisse einer GPKR (bspw. optimale Losgröße, optimales Produktions- und Absatzprogramm) tatsächlich „optimale" Lösungen ermittelt werden!

e) Was würde eine GPKR hinsichtlich des optimalen Produktions- und Absatzprogramms der Unternehmung empfehlen? Wie hoch wäre der zu erwartende Periodenerfolg der Unternehmung, wenn sich die Fixkosten auf 500.000 € belaufen? Begründen Sie Ihre Antwort!

f) Gehen Sie davon aus, dass hinsichtlich der variablen Kosten des neu entwickelten Produktes x_2 folgender Zusammenhang gilt:

$$K'(m_2) = \frac{K'(1)}{m_2^L} \qquad (L > 0)$$

Dabei bezeichnet m_2 die Produktionsmenge von x_2 und K' die Grenzkosten. Wie nennt man diesen Zusammenhang, und was sagt er aus?

g) Wie lautet das optimale Produktions- und Absatzprogramm der Unternehmung, wenn die Gegebenheiten unter f) berücksichtigt werden und dabei L = 0,4150374993 gilt?

Berechnen Sie für Ihre Antwort den tatsächlichen Planerfolg unter Berücksichtigung der Zusammenhänge in f). (Hinweis: Falls Sie bei der Teilaufgabe c) Schwierigkeiten mit der Berechnung der variablen Stückkosten für Produkt 2 hatten, unterstellen Sie K'(1) = 1.500.000.)

h) Diskutieren Sie die Ergebnisse unter f) und g) für die GPKR vor dem Hintergrund einer zunehmend strategischen Ausrichtung der Kostenrechnung.

Lösungshinweise

Teilaufgabe a):

In der GPKR werden u.a. **direkte** und **indirekte** Bezugsgrößen unterschieden. Direkte Bezugsgrößen orientieren sich an der Leistung der betrachteten Kostenstelle, indirekte Bezugsgrößen an den Leistungen **anderer** Kostenstellen. Da die Leistung in KS_4 an den Fertigungszeiten in KS_5 und KS_6 gemessen wird, liegt ein Beispiel für eine **indirekte Bezugsgröße** vor.

Teilaufgabe b):

Zwischen den Kostenstellen KS_1, KS_2 und KS_3 liegen gegenseitige Leistungs-beziehungen vor. Die Verrechnungspreise für die Leistungen dieser Stellen ergeben sich über folgenden Ansatz:

$120.000 + 200k_2 = 100.000k_1$

$140.000 + 20.000k_1 + 2.000k_3 = 1.000k_2$

$980.000 + 20.000k_1 + 200k_2 = 10.000k_3$

(1) $120.000 - 100.000k_1 + 200k_2 = 0$

(2) $140.000 + 20.000k_1 - 1.000k_2 + 2.000k_3 = 0$

(3) $980.000 + 20.000k_1 + 200k_2 - 10.000k_3 = 0$

$5 \cdot (2) + (3) = (4)$

(4) $1.680.000 + 120.000k_1 - 4.800k_2 = 0$

$24 \cdot (1) + (4) = (5)$

(5) $4.560.000 - 2.280.000k_1 = 0$

$\rightarrow k_1 = 2 \ [\text{€/km}]$

k_1 in (1) einsetzen:

$\rightarrow k_2 = 400 \ [\text{€/h}]$

k_1, k_2 in (3) einsetzen:

→ k_3 = 110 [€/EV]

Teilaufgabe c)

	KS$_1$	KS$_2$	KS$_3$	KS$_4$	KS$_5$	KS$_6$
prim. var. GK	120.000	140.000	980.000	760.000	600.000	1.400.000
Umlage KS$_1$	−200.000	40.000	40.000	120.000		
Umlage KS$_2$	80.000	−400.000	80.000	240.000		
Umlage KS$_3$	0	220.000	−1.100.000	880.000		
Summe	0	0	0	2.000.000		
Kostensätze	2 €/km	400 €/h	110 €/EV	40€/Min		
Umlage KS$_4$				−2.000.000	400.000	1.600.000
Summe					1.000.000	3.000.000
var. Kosten/Stück					500.000	1.500.000

Erläuterungen:
Die Umlagen der Kosten von KS$_1$, KS$_2$ und KS$_3$ auf KS$_4$ erfolgen mit Hilfe der Verrechnungspreise gemäß Aufgabe b). In den Hauptkostenstellen KS$_5$ und KS$_6$ fallen insgesamt 50.000 Bearbeitungsminuten (Fertigungsminuten) an, die daher zu einem Satz von 40 € verrechnet werden. Es ergeben sich folgende Deckungsbeiträge für x_1 und x_2:

	x_1	x_2
Absatzpreis	1.000.000	2.000.000
Einzelkosten	250.000	600.000
variable Gemeinkosten	500.000	1.500.000
Deckungsbeitrag je Stück	250.000	−100.000

Teilaufgabe d):

Zur Ermittlung variabler Stückkosten sind in der GPKR Annahmen notwendig. Dies gilt im Beispiel etwa für Annahmen über geplante Fertigungsminuten, um variable Fertigungskosten zu bestimmen, damit den beiden Produkten Kosten der Arbeitsvorbereitung zugerechnet werden können. Die variablen Stückkosten werden dann in weiterführenden Planungsrechnungen verwendet, um „optimale" Entscheidungen (etwa über Produktions- und Absatzmengen, Losgrößen) zu treffen. Diese Entscheidungen basieren jedoch auf lediglich plausiblen, jedoch nicht völlig willkürfreien Annahmen. Es kann daher bestenfalls von „guten", nicht aber von zweifelsfrei optimalen Lösungen gesprochen werden.

Teilaufgabe e):

Das optimale Produktions- und Absatzprogramm bestünde aus 2 Einheiten von x_1; x_2 würde nicht gefertigt. Der Periodenerfolg betrüge G = 2·250.000 − 500.000 = 0.

Teilaufgabe f):

Die Formel gibt die typische Gestalt einer Lern- oder Erfahrungskurve wieder. Sie beschreibt hier den Einfluss von Lerneffekten auf die Grenzkosten des Produkts x_2.

Dabei ergibt sich, dass sich mit jeder Verdopplung der Produktionsmenge die Grenzkosten um einen bestimmten Prozentsatz vermindern.

Teilaufgabe g):

Variable Gemeinkosten für das erste gefertigte Stück von Produkt 2:

$K'(1) = 1.500.000$

Variable Gemeinkosten für das zweite gefertigte Stück von Produkt 2:

$$K'(2) = \frac{1.500.00}{2^{0,4150374993}} = 1.125.000$$

Die durchschnittlichen gesamten variablen Kosten betragen damit:

$$\frac{(1.500.000 + 600.000) + (1.125.000 + 600.000)}{2} = 1.912.500$$

Der Deckungsbeitrag von x_2 beträgt nun 87.500 €/Stück. Daher sollten auch 2 Stück von x_2 gefertigt werden. Der Periodenerfolg beläuft sich jetzt auf 175.000 €.

Teilaufgabe h):

Es könnten etwa die folgenden Aspekte angesprochen werden:

Die GPKR legt lineare Kostenverläufe zugrunde. Ist dies tatsächlich anders, so entsprechen die ermittelten konstanten, variablen Kosten nicht den entscheidungsrelevanten Durchschnittskosten.

Die GPKR berücksichtigt keine zeitabhängigen Effekte, etwa Lerneffekte. Damit werden Effekte, die für eine strategisch ausgerichtete Kostenrechnung von Bedeutung sind, eliminiert.

Die GPKR ist nur für kurzfristige Entscheidungen anwendbar. Sind bei langfristigen Entscheidungen strategische Aspekte zu berücksichtigen, kann die GPKR zu falschen Entscheidungen führen. So würde beispielsweise Produkt x_2 aufgrund des negativen Deckungsbeitrags nicht produziert, obwohl die in den späteren Perioden auftretenden Lerneffekte das Produkt profitabel machen.

Fall 25: Target Costing

Das Elektronik-Unternehmen „Readiculous" plant, einen neuen E-Book-Reader auf den Markt zu bringen und möchte dazu das Target Costing nutzen. Für das Produkt sind vier Eigenschaften relevant, die aus Kundensicht wie folgt bewertet werden:

(1) Gewicht: 20 %

(2) Bedienfreundlichkeit: 5 %

(3) Lesbarkeit: 65 %

(4) Laufzeit: 10 %

Ein interdisziplinäres Entwicklungsteam hat bereits die Beiträge der Produktkomponenten zur Erfüllung der Produkteigenschaften geschätzt:

Eigenschaft / Komponenten	Gewicht	Bedienfreund- lichkeit	Lesbarkeit	Laufzeit
(1) Gehäuse	60 %	10 %		
(2) Display	20 %	10 %	70 %	30 %
(3) Elektronisches System	5 %			20 %
(4) Akku	15 %	5 %	30 %	50 %
(5) Software		75 %		

Die Standardkosten für die Produktkomponenten wurden bereits größtenteils ermittelt:

(1) Gehäuse: 25,00 €

(3) Elektronisches System: 7,50 €

(4) Akku: 70,12 €

(5) Software: 9,38 €

Das Display wurde hingegen noch nicht kalkuliert. Bekannt ist, dass die Materialeinzelkosten 20 €/ME und die Fertigungseinzelkosten 50 €/ME betragen. Für die Berechnung der Gemeinkosten sind die folgenden Zuschlagsätze zu nutzen:

Zuschlagsatz für Materialgemeinkosten: 40 %

Zuschlagsatz für Fertigungsgemeinkosten: 120 %

Neben den Kosten der Herstellung ist für den gesamten Lebenszyklus des Readers ein Gemeinkostenanteil für Entwicklung, Verwaltung und Vertrieb in Höhe von 14.790.000 € zu berücksichtigen. Diese Gemeinkosten fallen nicht im Zusammenhang mit den einzelnen Komponenten an. Mit Hilfe von Kundenbefragungen konnte ermittelt werden, dass sich bei einem Preis von 280 €/Stück über den gesamtem Lebenszyklus voraussichtlich 870.000 Reader absetzen lassen. Mit dem Reader wird eine Umsatzrendite von 10 % angestrebt.

a) Berechnen Sie die

- Zielkosten des Produktes (ausgehend vom Ansatz des „Market Into Company"),

- Nutzenanteile der fünf Komponenten des Readers,

- Zielkosten der einzelnen Komponenten des Readers,

- Standardkosten des Displays,

- Kostenreduktionsbedarfe und

- Zielkostenindizes der Komponenten.

b) Nennen Sie die Potenziale des Target Costing und dessen Anwendungsprobleme bzw. Grenzen.

Lösungshinweise

Teilaufgabe a):

Berechnung der Zielkosten

Umsatz	280 × 870.000 =	243.600.000
./. Gewinnmarge	243.600.000 × 0,1 =	24.360.000
./. Gemeinkostenanteil		14.790.000
Summe Zielkosten		204.450.000
Zielkosten pro Stück	204.450.000/870.00 =	235

Berechnung der Nutzenanteile der Komponenten:

Funktion / Komponente	Display		Design		Größe		Gewicht		Nutzenanteil der Komponente
Nutzenanteil der Funktion		20%		5%		65%		10%	
Gehäuse	60%	12,00%	10%	0,50%	0%	0,00%	0%	0,00%	12,50%
Display	20%	4,00%	10%	0,50%	70%	45,50%	30%	3,00%	53,00%
Elekrtonik	5 %	1,00%	0%	0,00%	0%	0,00%	20%	2,00%	3,00%
Akku	15%	3,00%	5%	0,25%	30%	19,50%	50%	5,00%	27,75%
Software	0%	0,00%	75%	3,75%	0%	0,00%	0%	0,00%	3,75%

Berechnung der Zielkosten der einzelnen Komponenten:

Komponente		Zielkosten
Gehäuse	235 × 12,50%	29,375
Display	235 × 53,00%	124,55
Elekrtonik	235 × 3,00%	7,05
Akku	235 × 27,75%	65,2125
Software	235 × 3,75%	8,8125
Summe	12,50%	235

Berechnung der Standardkosten (drifting costs) des Displays:

MEK	20
MGK (40%)	8
FEK	50
FGK (120%)	60
Standardkosten	138

Berechnung der Kostenreduktionsbedarfe:

	Zielkosten	Standardkos-ten	Kostenreduk-tion
Gehäuse	29,375	25	-4,375
Display	124,55	138	13,45
Elekrtonik	7,05	7,5	0,45
Akku	65,2125	70,12	4,9075
Software	8,8125	9,38	0,5675
Summe	235	250	15

Berechnung der Zielkostenindizes der Komponenten:

Komponente	Nutzenanteil (NA) [in %]	Standardkosten (DC) [in %]	Zielkostenindi-zes [NA/DC]
Gehäuse	12,50%	(25/250=) 10,00%	1,25
Display	53,00%	(138/250=) 55,20%	0,96
Elekrtonik	3,00%	(7,55/250=) 3,00%	1,00
Akku	27,75%	(70,12/250=) 28,05%	0,99
Software	3,75%	(9,38/250=) 3,75%	1,00

Teilaufgabe b):

Potenziale des Target Costing:

- Marktorientierung durch die Berücksichtigung von Kundenwünschen bei der Entwicklung neuer Produkte;

- Verbesserung der Zusammenarbeit der an der Produktentwicklung beteiligten Personen;

- Kostensenkung wird angestrebt;

- TC fungiert als Planungs- und Kontrollgröße, d.h. Reduktion der Notwendigkeit zu später (und teurer) Produktänderungen.

Anwendungsprobleme des Target Costing:

- Schwierige Datenermittlung, hohe Anforderungen bei der Bestimmung von Marktparametern, insbesondere Nutzenschätzungen der Kunden;

- Problematik der Zurechnung von (Gemein-)Kosten (bei neuen Produkten und neuen Produktionstechniken);

- Schwierige Schätzung der Standardkosten bei neuen Produkten

- Qualitäts- und Kostenrisiken bei Fremdvergabe von Teilen der Produktion;

- Veränderung der Kundenpräferenzen im Zeitablauf möglich.

2 Fälle zur Investitionsrechnung

Fall 26: Statische Investitionsrechnung

Das Management der ABC GmbH kann für die Herstellung eines neuen Produktes zwischen zwei Produktionsanlagen I und II wählen. Der Verkaufserlös des Produktes beträgt 15 Euro und ist unabhängig davon, auf welcher Anlage das Produkt hergestellt wird. Folgende Daten charakterisieren die Anlagen I und II:

Anschaffungskosten	15.000.000 Euro	20.000.000 Euro
Nutzungsdauer	10 Jahre	10 Jahre
Liquidationserlös	2.000.000 Euro	4.000.000 Euro
jährl. Produktions-kapazität	700.000 Stück/Jahr	800.000 Stück/Jahr
variable Kosten der Produktion bei voller Produktionskapazität	4.200.000 Euro	3.200.000 Euro
jährl. Fixkosten der Produktion	3.000.000 Euro/Jahr	3.100.000 Euro/Jahr
Kalkulationszinssatz	10 %	10 %

a) Wie hoch sind die kalkulatorischen Abschreibungen und die kalkulatorischen Zinsen pro Jahr für die beiden Anlagen (bei kontinuierlichen Rückflüssen)?

b) Welche Maschine ist nach der Kostenvergleichsrechnung bei einer geplanten Produktionsmenge von 600.000 Stück vorteilhaft?

c) Ermitteln Sie die Break-Even-Mengen der beiden Anlagen.

d) Bei welchen Produktionsmengen sollte welche Anlage angeschafft werden?

e) Ermitteln Sie die Rentabilität und die Amortisationszeit von Anlage II, erneut bei einer geplanten Produktionsmenge von 600.000 Stück.

112

Lösungshinweise

Teilaufgabe a):

	Anlage I	Anlage II
Kalk. Abschreibungen	(15 Mio. - 2 Mio.)/10 = **1.300.000 €**	(20 Mio. - 4 Mio.)/10 = **1.600.000 €**
Kalk. Zinsen	(15 Mio. + 2 Mio.)/2×0,1 **850.000 €**	(20 Mio. + 4 Mio.)/2×0,1 **1.200.000 €**

Teilaufgabe b):

	Anlage I	Anlage II
Kalk. Abschreibungen	1.300.000	1.600.000
Kalk. Zinsen	850.000	1.200.000
jährliche Fixkosten der Produktion	3.000.000	3.100.000
Fixkosten gesamt	5.150.000	5.900.000
variable Kosten der Produktion bei voller Produktionskapazität	4.200.000	3.200.000
Gesamtkosten	9.350.000	9.100.000
variable Kosten pro Stück	4.200.000 €/700.00 St = **6,00 €**	3.200.000 €/800.000 St = **4,00 €**
Fixkosten pro Stück bei 600.000 Stück	.150.000 €/600.000 St = **8,58 €**	5.900.000 €/600.000 St = **9,83 €**
Stückkosten Gesamt	**14,58 €**	**13,83 €**

Bei einer geplanten Ausbringungsmenge von 600.000 Stück ist Anlage II aufgrund geringerer Stückkosten vorteilhafter als Anlage I.

Teilaufgabe c):

Bestimmung der Break-Even-Mengen:

Anlage I

$$x = \frac{K_F}{p - kv} = \frac{5.150.000\ €}{15\ €/St - 6\ €/St} = 572.222,22\ St$$

=> Aufrunden auf 5.72.223 St

Anlage II

$$x = \frac{K_F}{p - kv} = \frac{5.900.000\ €}{15\ €/St - 4\ €/St} = 536.363,64\ St$$

=> Aufrunden auf 536.364 St

Teilaufgabe d):

Es gilt: 5.150.000 + 6x = 5.900.000 + 4x   => x = 375.000 St.

Bis 375.000 Stück sollte Anlage I, danach Anlage II angeschafft werden.

Teilaufgabe e):

	Anlage I	Anlage II
Erlöse	9.000.000 €	9.000.000 €
- Variable Kosten	3.600.000 €	2.400.000 €
- Fixkosten	5.150.000 €	5.900.000 €
= Gewinn	250.000 €	700.000 €
+ kalk. Zins	850.000 €	1.200.000 €
= Gewinn vor Zins	**1.100.000**	**1.900.000**
durchschnittl. Kapitalbindung	(15 Mio. + 2 Mio.)/2 = 8.500.000 €	(20 Mio. + 4 Mio.)/2 = 12.000.000 €
Rentabilität	1.100.000 €/8.500.000 € = **12,94%**	1.900.000 €/12.500.000 € = **15,83%**
Amortisationszeit	15 Mio./(250.000 + 1.300.000) = 9,7	20 Mio./(700.000 + 1.600.000) = 8,7

Fall 27: Statische Investitionsrechnung

Sie sollen prüfen, ob sich die Eigenfertigung eines Spezialteils lohnt, das bisher zu 16 € je Stück fremdbezogen wird. Für die eigene Herstellung stehen zwei Maschinen zur Auswahl:

Vollautomatische Drehmaschine

Anschaffungsauszahlung	450.000 €
Nutzungsdauer	10 Jahre
Kapazität	16.000 Stück/Jahr
Gehälter	60.000 €/Jahr
sonstige Fixkosten	8.000 €/Jahr
Material	72.000 €/Jahr
sonstige variable Kosten	2.400 €/Jahr

Halbautomatische Drehmaschine

Anschaffungsauszahlung	80.000 €
Nutzungsdauer	8 Jahre
Kapazität	10.000 Stück/Jahr
Gehälter	16.000 €/Jahr
sonstige Fixkosten	4.000 €/Jahr
Löhne	62.000 €/Jahr
Material	40.000 €/Jahr
sonstige variable Kosten	6.000 €/Jahr

Gehen Sie von einem kalkulatorischen Zinssatz von 10% aus. Beachten Sie ferner, dass die angegebenen variablen Kosten unter der Voraussetzung anfallen, dass die einzelnen Maschinen voll ausgelastet werden.

a) Welche Bezugsart je Fertigungsmaschine wählen Sie, wenn der Jahresbedarf

   i. 5.000

   ii. 10.000

   iii. 15.000

   Stück beträgt und die Vorteilhaftigkeit auf der Basis einer traditionellen Kostenvergleichsrechnung ermittelt wird? Berücksichtigen Sie ferner, dass man aus Platzgründen nicht mehr als einen Halbautomaten aufstellen kann.

b) Ermitteln Sie die kritischen Mengen algebraisch und grafisch.

c) Diskutieren Sie Vor- und Nachteile der Kostenvergleichsrechnung, und erörtern Sie deren Aussagefähigkeit in Stichworten.

Lösungshinweise

Teilaufgabe a):

Zur Bestimmung, welche Bezugsart je Fertigungsmaschine gewählt werden sollte, sind für jede Alternative die Kosten in Abhängigkeit von der Stückzahl zu entwickeln. Zur Auswahl stehen die Eigenfertigung mit einer vollautomatischen Drehmaschine, die Eigenfertigung mit einer halbautomatischen Drehmaschine sowie der Fremdbezug.

Zunächst sind die vorgegebenen Kosten in fixe und variable Kosten aufzuteilen. Von der Auslastung unabhängig sind kalkulatorische Abschreibungen, kalkulatorische Zinsen, Gehälter und sonstige Fixkosten. Beschäftigungsabhängig sind Materialkosten, Löhne sowie sonstige variable Kosten.

Hieraus können aus den gegebenen Daten Kostenfunkionen entwickelt werden. K_F bezeichnet die Gesamtkosten bei Fremdbezug, K_{EV} die Gesamtkosten bei Eigenfertigung mit einer vollautomatischen Drehmaschine, K_{EH} die Gesamtkosten bei Eigenfertigung mit einer halbautomatischen Drehmaschine und x den Jahresbedarf.

Fremdbezug:

$$K_F = 16 \cdot x \,.$$

Eigenfertigung mit einer vollautomatischen Drehmaschine:

K_{EV} = kalkulatorische Abschreibung + kalkulatorische Zinsen + Gehälter + sonstige Fixkosten +

$$\frac{\text{Material} + \text{sonstige variablen Kosten}}{\text{Kapazität}} \cdot x \,;$$

$$K_{EV} = \frac{450.000}{10 \text{ Jahre}} + \frac{450.000}{2} \cdot 10\% + 60.000 + 8.000 + \frac{72.000 + 2.400}{16.000 \text{ Stück}} \cdot x \,;$$

$$K_{EV} = 135.500 + 4,65 \cdot x \,.$$

Eigenfertigung mit einer halbautomatischen Drehmaschine:

Für $x \leq 10.000$ Stück :

K_{EH} = kalkulatorische Abschreibung + kalkulatorische Zinsen + Gehälter + sonstige Fixkosten +

$$\frac{\text{Material} + \text{Löhne} + \text{sonstige variable Kosten}}{\text{Kapazität}} \cdot x \; ;$$

$$K_{EH} = \frac{80.000}{8 \text{ Jahre}} + \frac{80.000}{2} \cdot 10\% + 16.000 + 4.000 + \frac{40.000 + 62.000 + 6.000}{10.000 \text{ Stück}} \cdot x \; ;$$

$$K_{EH} = 34.000 + 10,8 \cdot x \; .$$

Für x > 10.000 Stück ist ein Fremdbezug der 10.000 Stück übersteigenden Spezialteile notwendig, da nur eine einzige halbautomatische Drehmaschine aufgestellt werden kann. Die Kostenfunktion lautet daher für x > 10.000 Stück:

$$K_{EH}^{F} = 34.000 + 10,8 \cdot 10.000 + 16 \cdot (x - 10.000) \; ;$$

$$K_{EH}^{F} = -18.000 + 16 \cdot x \; .$$

Aus diesen Kostenfunktionen können die Gesamtkosten der einzelnen Alternativen für die verschiedenen Jahresbedarfe ermittelt werden:

Jahresbedarf (Stück)	5.000	10.000	15.000
K_F	**80.000 €**	160.000 €	240.000 €
K_{EV}	158.750 €	182.000 €	**205.250 €**
K_{EH}	88.000 €	**142.000 €**	222.000 €

Bei einem Jahresbedarf von 5.000 Stück sollten die Spezialteile fremdbezogen werden; bei einem Jahresbedarf von 10.000 Stück sollten die Spezialteile auf einer halbautomatischen Drehmaschine und bei einem Jahresbedarf von 15.000 Stück auf einer vollautomatischen Drehmaschine in Eigenfertigung hergestellt werden.

Teilaufgabe b):

Die kritischen Mengen bezeichnen die Jahresbedarfe, bei denen ein Wechsel zwischen zwei Bezugs- bzw. Herstellungsalternativen erfolgt. Die Bestimmung der kritischen Mengen erfolgt algebraisch durch

Gleichsetzen der Kostenfunktionen. Zur Bestimmung der Vorgehens-reihenfolge kann auf die Ergebnisse des ersten Aufgabenteils zurück-gegriffen werden. Zunächst ist die kritische Menge zwischen Fremd-bezug und Halbautomat, sodann die kritische Menge zwischen Halb- und Vollautomat zu bestimmen. Zu beachten, dass die Kostenfunktion des Halbautomats zweigeteilt ist.

Bestimmung der kritischen Menge zwischen Fremdbezug und Halb-automat:

$$K_F = K_{EH} \, ;$$

$$16 \cdot x = 34.000 + 10,8 \cdot x \, ;$$

$$x = 6.538,46 \, .$$

Bestimmung der kritischen Menge zwischen Halbautomat und Vollau-tomat:

Aus Teilaufgabe a) ergibt sich, dass die kritische Menge für den Über-gang vom Halb- zum Vollautomaten über 10.000 liegt. Die kritische Menge bei der Alternative „Verwendung des Halbautomaten" ist des-halb mit Berücksichtigung zusätzlichen Fremdbezugs zu bestimmen:

$$K_{EH+F} = K_{EV} \, ;$$

$$-18.000€ + 16 \cdot x = 135.500 + 4,65 \cdot x \, ;$$

$$x = 13.524,23 \, .$$

Damit ergeben sich folgende kritische Werte:

- von 0 bis 6.538 Stück → Fremdbezug;
- von 6.539 Stück bis 10.000 Stück → Eigenfertigung auf Halbau-tomat;
- von 10.001 bis 13.524 Stück → Eigenfertigung auf Halbautomat und Fremdbezug;
- von 13.525 bis 16.000 Stück → Eigenfertigung auf Vollautomat;
- über 16.000 Stück → Eigenfertigung auf Vollautomat und Fremd-bezug.

Grafische Lösung:

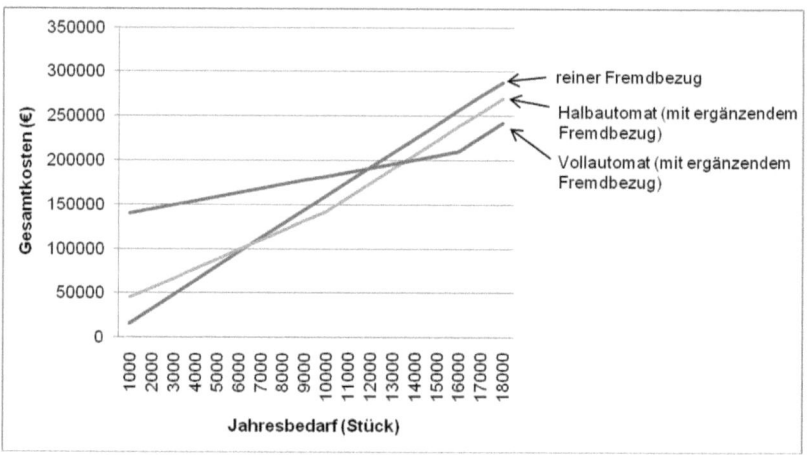

Teilaufgabe c):

Vorteile der Kostenvergleichsrechnung:

- Einfache Handhabung;

- Geringer Aufwand zur Informationsbeschaffung nötig.

Nachteile der Kostenvergleichsrechnung:

- Statische Analyse, keine Berücksichtigung periodischer Kosten- und Erlösunterschiede;

- Relative Vorteilhaftigkeitsbeurteilung; es bleibt also offen, ob die (optimale) Alternative überhaupt vorteilhaft ist.

Aussagefähigkeit der Kostenvergleichsrechnung:

- Aussagekraft ist begrenzt. Kostenvergleichsrechnung ist wohl nur akzeptabel bei Investitionen, die ohnehin notwendig sind und bei denen nur eine Entscheidung zwischen einzelnen Alternativen erforderlich ist (Ersatz- und Rationalisierungsinvestitionen).

Fall 28: Dynamische Investitionsrechnung

a) Einem Entscheidungsträger liegen Informationen für zwei Projekte vor:

Projekt 1:

- Initiale Auszahlung: 12.000 Euro
- Einzahlungen ab Periode t=1 bis Periode t=10: 1.000 + t*10
- Zinssatz: 2 %

Projekt 2:

- Initiale Auszahlung: 14.000 Euro
- Einzahlungen ab Periode t=1 bis Periode t=8: 1.800 - t*20
- Zinssatz: 3 %

Es kann maximal nur eines der beiden Projekte durchgeführt werden. Wie sollte sich der Entscheidungsträger entscheiden? Begründen Sie die Antwort mit einer Rechnung.

b) Es wurde vor einiger Zeit ein anderes Projekt von dem Entscheidungsträger umgesetzt. Die aus diesem Projekt erwarteten Zahlungsüberschüsse fallen wesentlich geringer aus als erwartet. Der Projektleiter lehnt einen Abbruch des Projekts aber mit dem Verweis darauf ab, dass bereits eine erhebliche Summe in das Projekt investiert wurde. Hat er recht? Begründen Sie Ihre Antwort.

c) Die Nutzwertanalyse stellt unter bestimmten Umständen eine Alternative zur Kapitalwertrechnung dar. Für welche Art von Investitionsentscheidungen eignet sie sich, wie sieht das Vorgehen hier aus und was sind die Probleme?

Lösungshinweise

Teilaufgabe a):

Projekt 1:

Berechnung Kapitalwert

$C_0 = -12.000 + 1.010 \times 1,02^{-1} + 1.020 \times 1,02^{-2} + 1.030 \times 1,02^{-3}$

$+ 1.040 \times 1,02^{-4} + 1.050 \times 1,02^{-5} + 1.060 \times 1,02^{-6} + 1.070 \times 1,02^{-7}$

$+ 1.080 \times 1,02^{-8} + 1.090 \times 1,02^{-9} + 1.100 \times 1,02^{-10}$

$= -2.538,04$

Da der Kapitalwert negativ ist, sollte das Projekt nicht durchgeführt werden.

Projekt 2:

Berechnung Kapitalwert

$C_0 = -14.000 + 1.780 \times 1,03^{-1} + 1.760 \times 1,03^{-2} + 1.740 \times 1,03^{-3}$

$+ 1.720 \times 1,03^{-4} + 1.700 \times 1,03^{-5} + 1.680 \times 1,03^{-6} + 1.660 \times 1,03^{-7}$

$+ 1.640 \times 1,03^{-8}$

$= -1.974,56$

Da der Kapitalwert negativ ist, sollte das Projekt nicht durchgeführt werden.

Teilaufgabe b):

Irreversible Kosten dürfen bei der Abbruchentscheidung nicht berücksichtigt werden, da diese nicht mehr beeinflusst werden können. Das Projekt sollte abgebrochen werden, wenn der Liquidationserlös größer als der Barwert der künftigen Zahlungsüberschüsse ist; dementsprechend sollte das Projekt fortgesetzt werden, wenn der Barwert der künftigen Zahlungsüberschüsse größer als der Liquidationserlös ist.

Teilaufgabe c):

Die Nutzwertanalyse (Scoring-Modell) ist Verfahren zur Bewertung von Handlungsalternativen bei mehreren Zielgrößen (Bewertungskriterien), mit dem Zweck, die Alternativen entsprechend den Präferenzen des Entscheidungsträgers bezüglich eines multidimensionalen Zielsystems zu ordnen. Dabei können die Alternativen auch mit Hilfe qualitativer Bewertungskriterien gemessen werden, die nicht in Geldeinheiten ausdrückbar sind.

Vorgehensweise:

Zunächst werden die Handlungsalternativen bestimmt, die in die Entscheidung einbezogen werden sollen. Anschließend werden die Bewertungskriterien festgelegt und gewichtet. Für jede Alternative werden jetzt für jedes Bewertungskriterium Punkte vergeben. Anschließend erfolgt für jede Alternative die Multiplikation der Punkte mit der zugehörigen Gewichtung, um anschließend durch Addition der gewichteten Bewertungen den Nutzenwert einer Alternative zu ermitteln. Die Alternative mit dem höchsten Nutzenwert wird dann realisiert.

Kritik:

Sowohl die Festlegung der Bewertungskriterien, deren Gewichtung und die Vergabe von Punktwerten hängen letztendlich von den subjektiven Vorstellungen des Entscheidungsträgers ab. Sollten mehrere Personen mit unterschiedlichen subjektiven Vorstellungen an der Entscheidungsfindung beteiligt sein, empfiehlt sich daher eine Sensitivitätsanalyse, um den Entscheidungsprozess zu verbessern.

Fall 29: Investitionsplanung

Sie werden als Berater zu einem Unternehmen gerufen, bei dem ein Investitionsvorschlag mit einem Produktlebenszyklus von 5 Jahren auf seine Wirtschaftlichkeit untersucht werden soll. Gehen Sie bei Ihren Rechnungen davon aus, dass alle laufenden Zahlungen nur am Jahresende stattfinden. Ertragsteuern sind zunächst zu vernachlässigen.

Erlös pro Stück	600 €
Stückzahl	2.000 Stück im Jahr 1
	je 3.000 Stück in den Jahren 2 bis 5
80% der Umsätze sind Barverkäufe, 20% der Zahlungen gehen erst im Folgejahr ein.	
Sachinvestitionen vor Beginn des ersten Jahres	900.000 € Auszahlung (AnschaffungsK)
nach 5 Jahren	200.000 € Einzahlung wegen Resterlös
variable Kosten je Stück (zahlungsgleich)	
Material	150 €
Löhne	100 €
Energieverbrauch	24 €
Verpackung	26 €
laufende fixe Kosten pro Jahr (zahlungsgleich)	
Gehälter	250.000 €
Miete	60.000 €
Versicherungen	10.000 €
weitere Sachkosten	100.000 €
Marketingkosten	380.000 € im Jahr 1 (nicht aktivierbar)
	je 80.000 € in den Jahren 2 bis 5
Kalkulationszinssatz	12 %

Führen Sie Ihre Analyse in folgenden Schritten durch:

a) Ermitteln Sie die Objektzahlungsreihe der Investition im Zeitablauf.

b) Berechnen Sie für das Vorhaben den Kapitalwert, die Annuität (über 5 Jahre) sowie – auf ganze Prozent gerundet – den internen Zins.

c) Im Vorstand des Unternehmens finden sich auch Anhänger der statischen Methoden der Investitionsrechnung. Berechnen Sie aus Vergleichsgründen daher gemäß der Gewinnvergleichsrechnung den mittleren jährlichen kalkulatorischen Gewinn (Durchschnittswerte der 5 Jahre) sowie die statische Rendite.

d) Der Vorstand vergleicht die Annuität aus b) mit dem mittleren jährlichen kalkulatorischen Gewinn aus c) und wundert sich über Abweichungen. Wie lassen sich die Unterschiede erklären?

e) Rechnen Sie nun mit einer allgemeinen Erfolgsteuer mit einem konstanten Steuersatz von 30%. Auch die Alternativanlage unterliegt dieser Besteuerung. Eventuelle steuerliche Verluste können sofort (mit anderweitigen Gewinnen) ausgeglichen werden. Die Sachinvestitionssumme wird steuerlich linear über 4 Jahre abgeschrieben, wobei der voraussichtliche Resterlös nicht bei der Bemessung der Abschreibung zu berücksichtigen ist.

Berechnen Sie die steuerliche Gewinnreihe, die Steuer-Zahlungsreihe, die Netto-Zahlungsreihe und den Kapitalwert nach Steuern.

f) Vergleichen Sie den Kapitalwert ohne Steuern aus b) mit dem Kapitalwert nach Steuern aus e). Erklären Sie dem Vorstand das Ergebnis.

g) Die Beurteilung von neuen Investitionen muss häufig berücksichtigen, dass möglicherweise Wechselwirkungen mit anderen, bereits getätigten Investitionsprojekten auftreten.

Worauf können Erfolgswirkungen von solchen Verbundeffekten beruhen, und wie würden Sie diese methodisch einbeziehen?

Lösungshinweise

Teilaufgabe a):

Zeitpunkt	t_0	t_1	t_2	t_3	t_4	t_5	t_6
Umsätze (in T€)		1.200	1.800	1.800	1.800	1.800	
Umsatzeinzahlungen (in T€)		960	1.680	1.800	1.800	1.800	360
var. Kosten (in T€)		- 600	- 900	- 900	- 900	- 900	
fixe Kosten (in T€)		- 800	- 500	- 500	- 500	- 500	
Inv.- Ausgabe (in T€)	- 900						
Resterlös (in T€)						200	
Objektzahlungen (in T€)	- 900	- 440	280	400	400	600	360

Teilaufgabe b):

Zur Ermittlung des Kapitalwertes sind die Objektzahlungen zum Zinssatz von 12% in einen Barwert (zum Zeitpunkt t_0) umzurechnen; man erhält -7.880,21.

Die Annuität, über 5 Jahre berechnet, beträgt - 2.186,05.

Der interne Zinsfuß beträgt 11,814%, gerundet 12%.

Teilaufgabe c):

Zur Bestimmung des mittleren jährlichen kalkulatorischen Gewinns ist zunächst unter Rückgriff auf die Tabelle unter a) der Durchschnitt der fünf Jahresumsätze (1.680.000) um den Durchschnitt der fünf jährlichen variablen Kosten (840.000) und fixen Kosten (560.000) zu vermindern; dies ergibt 280.000. Weiterhin ist die Wertminderung der Investition in den fünf Jahren (900.000 - 200.000 = 700.000) auf die Jahre zu verteilen (140.000); dies führt zu einem durchschnittlichen

Jahreserfolg vor Zinsen von 140.000. Über die fünf Jahre ist im Durchschnitt ein Kapital von 550.000 gebunden; demnach entsteht bei einem Zinssatz von 12% eine mittlere jährliche Zinslast in Höhe von 66.000. **Der mittlere kalkulatorische Jahresgewinn beträgt damit +74.000.**

Die statische Rendite ist der Quotient aus dem durchschnittlichen Jahresgewinn vor Zinsen (140.000) und der durchschnittlichen Kapitalbindung (550.000). **Die statische Rendite beträgt 25,45%.**

Teilaufgabe d):

Beide Größen, Annuität und mittlerer jährlicher Kalkulatorischer Gewinn, sind Jahreserfolge. Die Gewinnvergleichsmethode vereinfacht; diese kalkulatorische Rechnung wird dadurch in folgenden Punkten ungenau bzw. fehlerhaft:

- Die Durchschnittsrechnung vernachlässigt die zeitlichen Unterschiede beim Zahlungsanfall (Umsatz, variable und fixe Kosten). Dies bewirkt hier eine Besserstellung bei der Durchschnittsrechnung.

- Die Berechnung der durchschnittlichen jährlichen Zinslast vernachlässigt, dass die Kapitalbindung und damit die Zinszahlungen in den ersten Jahren höher sind. Auch dies führt zu einer Besserstellung der Gewinnvergleichsrechnung.

Teilaufgabe e):

Zeitpunkte t	0	1	2	3	4	5	6
Umsatzerträge (in T€)		1.200	1.800	1.800	1.800	1.800	
var Kosten (in T€)		-600	-900	-900	-900	-900	
Fixkosten (in T€)		-800	-500	-500	-500	-500	
AfA (in T€)		-225	-225	-225	-225		
Resterlös (in T€)						200	
Steuerpfl. Gewinn (in T€)		-425	175	175	175	600	
Steuerzahlungen (30%) (in T€)		+127	-52,5	-52,5	-52,5	-180	
Objektzahlungen (in T€)	-900	-440	280	400	400	600	360
Steuerzahlungen (30%) (in T€)		+127,5	-52,5	-52,5	-52,5	-180	
Netto-Objektzahlungen (in T€)	-900	-312,5	227,5	347,5	347,5	420	360

Die Objektzahlungen sind aus der Tabelle unter a) übernommen. Zur Berechnung der steuerlichen Gewinne und der Steuerzahlungen ist eine Korrektur erforderlich, falls und soweit die steuerlich relevanten Umsätze von den Umsatzeinzahlungen abweichen. Dies ist in den ersten beiden Jahren und im letzten Jahr (in t_1, t_2 und t_6) der Fall. Bei der steuerlichen Abschreibung ist gemäß Aufgabenstellung eine Gleichverteilung der Investitionssumme von 900.000 über vier Jahre vorzunehmen. Die Nettozahlungen ergeben sich durch Zusammenfassung der Objektzahlungen und der Steuerzahlungen.

Der Kapitalwert nach Steuern ist der Barwert der Nettozahlungen. Die Abzinsung erfolgt mit dem steuerkorrigierten Zins

$$i^{St} = i \cdot (1 - s) = 12\% \cdot (1 - 0,3) = 8,4\% .$$

Man erhält: 32.305,71.

Teilaufgabe f):

Im „Steuerfall" wirken zwei Effekte bei der Ermittlung des Kapitalwertes:

1) Bei nicht sehr unvorteilhaften Projekten entstehen durch die Berücksichtigung von Ertragsteuern (in der Summe) zusätzliche Auszahlungen. Dieser „Zahlungseffekt der Besteuerung" führt ceteris paribus zu einer Schlechterstellung des Projektes im Vergleich zum Fall ohne Berücksichtigung von Steuern.

2) Wird auch die Alternativanlage steuerlich belastet, so sinkt der Kalkulationszinsfuß, hier von 12% auf 8,4%. Dadurch steigt ceteris paribus der Barwert der künftigen Überschüsse, was eine Besserstellung der zu beurteilenden Investition bewirkt („Zinseffekt der Besteuerung"). Dieser Effekt wird verstärkt bei im Zeitablauf steigenden Einzahlungsüberschüssen, je mehr positive Einzahlungsüberschüsse in den späteren Jahren der Investitionslaufzeit anfallen.

Zahlungseffekt und Zinseffekt wirken gegenläufig auf die Projektvorteilhaftigkeit. Dominiert der Zinseffekt den Zahlungseffekt, so wird die Investition durch die Berücksichtigung von Ertragsteuern (relativ!) bessergestellt. Insbesondere kann aus einem im Nicht-Steuerfall negativen Kapitalwert ein im Steuerfall positiver Kapitalwert werden. Diese Verbesserung im Steuerfall widerspricht dem „gesunden Menschenverstand"; man spricht daher auch vom „Steuerparadoxon".

Teilaufgabe g):

Zwei Gruppen von Verbundeffekten können vorliegen.

Beschaffungs-/Produktionsverbund

- Durch größere Stückzahlen werden niedrigere Einkaufspreise realisierbar.

- Ggf. sinken die Fixkosten je Stück (Fixkostendegression).

- Breitere Produktpalette ermöglicht günstigere Fertigungstechnik und es werden ggf. kostensenkende Erfahrungseffekte eintreten.

Absatzverbund

- Es können komplementäre (unterstützende) und substitutive (konkurrierende) Effekte wirken – z.B. verbessert ein schon eingeführtes Produkt durch seine Bekanntheit den Absatz eines neuen Produktes gleicher Marke bzw. Firma oder es entstehen zwischen Produkten absatzhemmende Kanibalisierungseffekte.

Methodische Möglichkeiten der Berücksichtigung von Verbundeffekten

- Bei Verbundeffekten zwischen mehreren Investitionen müssen diese Investitionen auch gemeinsam beurteilt werden.

- Positive oder negative Erfolgseffekte bei schon realisierten Investitionen sind der neuen, zu beurteilenden Investition zuzurechnen.

Fall 30: Investitionsplanung mit Steuern

a) Betrachten Sie die nachstehenden Projekte A und B.

	t = 0	t = 1	t = 2	t = 3	t = 4
Investition A	-4000	500	1000	3000	750
Investition B	-4000	3000	0	1000	1300

Der Kapitalmarkt ist vollkommen. Die Entscheidung wird auf der Grundlage des klassischen Standardmodells getroffen. Der unversteuerte Kalkulationszinssatz ist i = 8%.

Für welche Investition entscheiden Sie sich, wenn linear abgeschrieben wird und ein Einkommensteuersatz von s_e = 65% gilt?

b) Zu welchem Ergebnis kommen Sie, wenn in Bezug auf die Investition A eine Sofortabschreibung zulässig wäre und das Projekt B linear abgeschrieben werden muss?

   Hinweis: Gehen Sie davon aus, dass die Sofortabschreibung am Ende des ersten Jahres (im Zeitpunkt t = 1) wirksam wird, und unterstellen Sie, dass das zu versteuernde Einkommen durch die Berücksichtigung der Abschreibungen nicht negativ wird.

c) Die Berechnung des Kapitalwerts einer Investition im klassischen Standardmodell lässt sich in Form einer Gleichung darstellen. Begründen Sie vor dem Hintergrund dieser Gleichung, dass die Aussage *„Je höher der Steuersatz, umso kleiner der Kapitalwert"* nicht immer richtig sein muss.

d) Was versteht man unter „Steuerparadoxon"?

Lösungshinweise

Teilaufgabe a):

Investition A	t = 0	t = 1	t = 2	t = 3	t = 4
Bruttoüberschuss	**-4000**	**500**	**1000**	**3000**	**750**
Abschreibung		1000	1000	1000	1000
Steuerpfl. Gewinn	0	-500	0	2000	-250
Steuerzahlung	**0**	**-325**	**0**	**1300**	**-162,5**
Nettoüberschuss	**-4000**	**825**	**1000**	**1700**	**912,5**

Investition B	t = 0	t = 1	t = 2	t = 3	t = 4
Bruttoüberschuss	**-4000**	**3000**	**0**	**1000**	**1300**
Abschreibung		1000	1000	1000	1000
Steuerpfl. Gewinn	0	2000	-1000	0	300
Steuerzahlung	**0**	**1300**	**-650**	**0**	**195**
Nettoüberschuss	**-4000**	**1700**	**650**	**1000**	**1105**

$i = 8\%$, $s_e = 0,65$

Der steuerkorrigierte Zins berechnet sich wie folgt:

$$i_s = i \cdot (1 - s) = 0,08 \cdot (1 - 0,65) = 0,028 = 2,8\%$$

$$K_0 = \sum_{t=1}^{n} \frac{E_t}{(1+i)^t} - A_0$$

$$\Rightarrow K_0^A = \frac{825}{(1+0,028)} + \frac{1000}{(1+0,028)^2} + \frac{1700}{(1+0,028)^3} + \frac{912,5}{(1+0,028)^4} - 4000 = 130,71$$

$$\Rightarrow K_0^B = \frac{1700}{(1+0,028)} + \frac{650}{(1+0,028)^2} + \frac{1000}{(1+0,028)^3} + \frac{1105}{(1+0,028)^4} - 4000 = 178,70$$

Da beide Investitionen einen positiven Kapitalwert nach Steuern aufweisen, sind beide Investitionen vorteilhaft. Wenn nur eine der beiden Investitionen durchgeführt werden kann, sollte man Investition B wählen, da ihr Kapitalwert höher ist.

Teilaufgabe b):

Investition A neu	t = 0	t = 1	t = 2	t = 3	t = 4
Bruttoüberschuss	**-4000**	**500**	**1000**	**3000**	**750**
Abschreibung		4000	0	0	0
Steuerpfl. Gewinn	0	-3500	1000	3000	750
Steuerzahlung	**0**	**-2275**	**650**	**1950**	**487,5**
Nettoüberschuss	**-4000**	**2775**	**350**	**1050**	**262,5**

$$\Rightarrow K_0^{A(neu)} = \frac{2775}{(1+0,028)} + \frac{350}{(1+0,028)^2} + \frac{1050}{(1+0,028)^3} + \frac{262,5}{(1+0,028)^4} - 4000 = 232,18$$

Investition A weist nun einen höheren Kapitalwert nach Steuern als Investition B auf und sollte deshalb dieser vorgezogen werden.

Teilaufgabe c):

Die Kapitalwertformel lautet:

$$K_0^{St} = \sum_{t=1}^{n} \frac{E_t - s \cdot (E_t - AfA_t)}{[1 + i \cdot (1-s)]^t} - A_0$$

Durch die Einbeziehung von Steuerzahlungen, die durch die Höhe des Steuersatzes bestimmt werden, kommt es zu zwei gegenläufigen Effekten:

– Steuerzahlungen auf Periodengewinne vermindern die Einnahmeüberschüsse, wodurch der Kapitalwert gemindert wird (Zahlungseffekt bzw. Volumeneffekt).

– Da jedoch die Alternativanlage, die den Kalkulationszinsfuß bestimmt, auch der Besteuerung unterliegt, wird durch die Besteuerung der Diskontierungszinssatz vermindert, was auf den Kapitalwert erhöhend wirkt (Zinseffekt).

Ein höherer Steuersatz führt somit nur dann zu einem kleineren Kapitalwert, wenn der erste der beiden genannten Effekte überwiegt, was aber nicht stets der Fall ist.

Teilaufgabe d):

Von einem Steuerparadoxon spricht man, wenn eine Investition nach Steuern einen höheren Kapitalwert als vor Steuern hat. Dies passiert dann, wenn der zweite der beiden unter a) genannten Effekte überwiegt. Im Extremfall wird aus einem negativen Kapitalwert vor Steuern ein positiver Kapitalwert nach Steuern.

Da die Alternativanlage ebenfalls besteuert wird, hat die Höhe des Steuersatzes direkt Auswirkung auf den für die Berechnung des Kapitalwertes zugrunde zu legenden Kalkulationszinsfuß. Die Kapitalwertfunktion der beiden unten dargestellten Investitionen A und B verdeutlicht, dass die Auswahlentscheidung anhand des Kapitalwertkriteriums von der Höhe des Kalkulationszinsfußes abhängig sein kann.

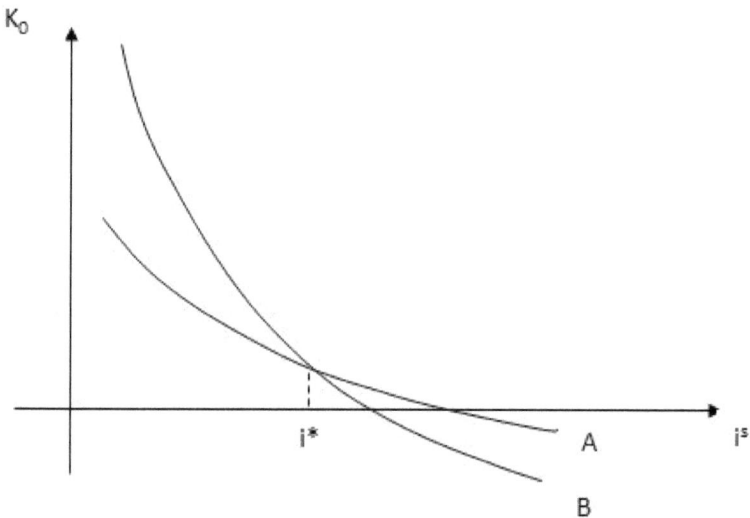

Solange der Kalkulationszinsfuß größer als i* ist, hat Investition A einen höheren Kapitalwert als Investition B. Wird der Kalkulationszinsfuß i durch die Berücksichtigung von Steuern unter den kritischen Zinssatz i* gesenkt, wird Investition B vorteilhafter als Investition A.

Fall 31: Kapitalwertberechnung bei nicht-flacher Zinsstruktur

Ein Unternehmer hat auf einem vollkommenen Kapitalmarkt im Gleichgewicht Zugang zu einem Investitionsprojekt mit folgenden Zahlungskonsequenzen z_t im Rahmen einer Vier-Zeitpunkte-Betrachtung:

Zeitpunkt t	0	1	2	3	4
z_t	- 10.000	5.000	5.000	7.500	2.000

Des Weiteren sind die folgenden laufzeitabhängigen Periodenzinssätze r_t (t = 1, 2, 3) für Anlagen/Kredite mit einer Laufzeit bis t, periodischer Zinszahlung und endfälliger Tilgung in t auf dem Kapitalmarkt beobachtbar:

Laufzeit	1	2	3	4
r_t	2 %	4 %	4,5 %	5 %

Der Zinssatz r_2 = 4 % beispielsweise gibt an, dass mit einer Anlage/Aufnahme von 1 € in t = 0 gegenläufige Zahlungen von 0,04 € in t = 1 und 1,04 € in t = 2 verbunden sind.

a) Erläutern Sie die verschiedenen (grundsätzlichen) Ausprägungsmöglichkeiten einer nicht-flachen Zinsstruktur!

b) Wie lautet der Kapitalwert des Projektes? Sollte das Projekt durchgeführt werden?

c) Auf dem gegebenen Kapitalmarkt können bei gleichen Zinskonditionen laufzeitabhängige Effektivrenditen v_t von Zero Bonds mit Fälligkeit in t ermittelt werden:

Laufzeit	1	2	3	4
v_t	2 %	4,04 %	4,56 %	5,09 %

Die Effektivrendite v_3 = 4,56 % etwa gibt an, dass der Kauf eines Zero Bonds zum Preis von 1 € in t = 0 in t = 3 mit Rückflüssen von $1,0456^3$ € verbunden ist.

Bestimmen Sie auf Basis dieser Effektivrenditen die jeweiligen Ein-Perioden-(Termin-)Zinssätze („forward rates") i_1, i_2, i_3 und i_4, die auf diesem Kapitalmarkt gelten müssen! Ein Zinssatz i_t gibt dabei an, welche Periodenverzinsung von $t-1$ bis t auf dem betrachteten Kapitalmarkt vorherrscht.

Lösungshinweise

Teilaufgabe a):

– Normale Zinsstruktur: Mit steigender Laufzeit steigen die Zinssätze für die Kapitalaufnahme/-anlage. Dies entspricht auch der Zinsstruktur aus der Aufgabenstellung.

– Inverse Zinsstruktur (atypisch): Wegen der Erwartung künftig niedrigerer Zinsen sinken die Zinssätze für die Kapitalaufnahme/-anlage mit steigender Laufzeit.

Teilaufgabe b):

Der Kapitalwert kann nur durch endfällige Kredite mit periodischer Zinszahlung realisiert werden. So muss der Betrag von 2.000 im Zeitpunkt 4 durch einen über 4 Jahre laufenden Kredit mit jährlicher Zinszahlung von 5 % in einen Barwert überführt werden. Der Kreditbetrag beläuft dann auf

$$\frac{2.000}{1,05} = 1.904,76 \cdot$$

Dieser Kreditbetrag ist in t = 0 verfügbar, führt aber in den drei folgenden Jahren zu Zinsen von 5 %, also von 95,24, und im letzten Jahr zu Zins und Tilgung von genau 2.000. Dieser Zahlungsstrom ist als Z4(5 %) bezeichnet und in der Tabelle aufgeführt. Damit ist der Cashflow der vierten Periode aus dem Investitionsprojekt verlagert und in den Vorperioden entstehen modifizierte Cashflows, insbesondere in der dritten Periode ein Betrag von nun 7.404,76. mit diesem Cashflow der dritten Periode ist entsprechend zu verfahren, nun aber bei einem Zinssatz von 4,5 %. Der zugehörige Kredit beträgt 7.085,90 und führt zu periodischen Zinsen von 318,87. Dieser Zahlungsstrom wird mit Z3(4,5 %) bezeichnet und ebenfalls in die Tabelle aufgenommen. In entsprechender Weise wird in den restlichen Perioden verfahren, bis sich ein Gesamtbarwert, sprich: Kapitalwert, von 7.723,22 ergibt.

t	0	1	2	3	4
z_t	−10.000,00	5.000,00	5.000,00	7.500,00	2.000,00
Z4(5 %)	1.904,76	− 95,24	− 95,24	− 95,24	− 2.000,00
Z3(4,5 %)	7.085,90	− 318,87	− 318,87	− 7.404,76	0,00
Z2(4%)	4.409,51	− 176,38	− 4.585,89	0,00	
Z1(2 %)	4.323,05	− 4.409,51	0,00		
Summe:	7.723,22	0,00			

Der Kapitalwert des Projektes beträgt 7.723,22 €; das Projekt ist vorteilhaft und sollte durchgeführt werden.

Teilaufgabe c):

Der Einperioden-Zinssatz i_1 der ersten Periode ist gleich der Effektivrendite v_1. Daraus können zeitlich vorwärts schreitend i_2 usw. wie folgt bestimmt werden:

i_1: $(1+i_1) = (1+v_1)$ $\Rightarrow$ $i_1 = 2\%$

i_2: $(1+i_1) \cdot (1+ i_2) = (1+v_2)^2$ $\Rightarrow$ $i_2 = 6,12\%$

i_3: $(1+i_1) \cdot (1+ i_2) \cdot (1+ i_3) = (1+v_3)^3$ $\Rightarrow$ $i_3 = 5,61\%$

i_4: $(1+i_1) \cdot (1+ i_2) \cdot (1+ i_3) \cdot (1+ i_4) = (1+v_4)^4$ $\Rightarrow$ $i_4 = 6,69\%$

Fall 32: Investitionskriterien, optimale Nutzungsdauer

Ein Unternehmen steht vor der Wahl, eines von zwei Projekten durchzuführen. Das Projekt A hat eine Nutzungsdauer von zwei Perioden, eine Investitionsauszahlung von $I_A = 1.000$ und erbringt Cashflows in Höhe von $c_{A1} = 700$, $c_{A2} = 800$. Projekt B hat eine Nutzungsdauer von drei Perioden, erfordert eine Investitionsauszahlung von $I_B = 1.500$ und beschert Cashflows in Höhe von $c_{B1} = 700$, $c_{B2} = 800$ und $c_{B3} = 720$.

Der Kapitalmarkt ist vollkommen bei einem Zinssatz von 10%.

a) Wie sollte sich das Unternehmen bei Anwendung der Kapitalwertmethode und wie bei Anwendung der Annuitätenmethode entscheiden? Diskutieren Sie kurz das Ergebnis, und nennen Sie eine Lösungsmöglichkeit zur Herstellung der Vereinbarkeit beider Methoden.

b) Nehmen Sie an, dass nur das Projekt B zur Entscheidung ansteht, doch ist dessen Nutzungsdauer offen (die maximale Nutzungsdauer beträgt drei Perioden). Neben den oben angegebenen Cashlows hat man folgende Erwartung über den Verlauf der Liquidationserlöse L_t am Ende der Periode t: $L_1 = 1.200$, $L_2 = 1.000$ und $L_3 = 400$. Das Projekt B soll nur einmal (also ohne Nachfolger) realisiert werden. Bestimmen Sie die optimale Nutzungsdauer, und erläutern Sie dabei Ihre Vorgehensweise.

c) Wird sich das Ergebnis unter b) ändern, wenn das Projekt dauerhaft (modelltechnisch unendlich oft) wiederholt wird? Geben Sie eine kurze Begründung.

139

Lösungshinweise

Teilaufgabe a):

Der Kapitalwert (bezogen auf t_0) lässt sich allgemein nach der Formel

$$KW_0 = -I_0 + \sum_{t=1}^{n} \frac{E\ddot{U}_t}{(1+i)^t}$$

errechnen. Für die Projekte ergeben sich mit i = 10% folgende Kapitalwerte:

$$KW_{0,A} = -1.000 + \frac{700}{1,1} + \frac{800}{(1,1)^2} = 297,52;$$

$$KW_{0,B} = -1.500 + \frac{700}{1,1} + \frac{800}{(1,1)^2} + \frac{720}{(1,1)^3} = 338,47.$$

Das Unternehmen sollte das Projekt mit dem höheren Kapitalwert, Projekt B, wählen.

Die Annuität erhält man durch Multiplikation des Kapitalwerts mit dem Wiedergewinnungsfaktor:

$$a = KW_0 \cdot WGF(n,i) = KW_0 \cdot \frac{(1+i)^n \cdot i}{(1+i)^n - 1}.$$

Für die beiden Projekte ergeben sich a_A = 171,43 und a_B = 136,10. Danach würde sich das Unternehmen für Projekt A entscheiden.

Zu beachten ist allerdings, dass die Projekte unterschiedliche Laufzeiten aufweisen. So fällt die niedrigere Annuität bei Projekt B über drei Perioden an, während Projekt A eine Laufzeit von nur zwei Perioden aufweist. Die Annuität ist eine spezifische Form der Durchschnittsrechnung über die Perioden der Investitionslaufzeit. Es offenbar möglich, dass bei größerem Gesamtbetrag (Kapitalwert) der Durchschnitt pro Periode (Annuität) kleiner sein kann, wenn die Zahl der Perioden zunimmt. Durch die Laufzeitunterschiede führt die Annuitätenmethode zu einer abweichenden (falschen) Entscheidung im Vergleich zur Kapitalwertmethode.

Vergleichbarkeit ist etwa dann hergestellt, wenn Projekt A dreimal, Projekt B zweimal nacheinander durchführt wird. Die Kapitalwerte des Projekts A in zwei bzw. vier Jahren sind über zwei bzw. vier Jahre abzuzinsen und zum Kapitalwert des ersten Elementes zu addieren; man erhält einen Gesamtkapitalwert von 746,62 und daraus eine Annuität von 171,43. Der Folgekapitalwert des Projektes B in drei Jahren ist auf den Zeitpunkt 0 abzuzinsen und zum Kapitalwert des ersten Elementes zu addieren; es ergibt sich ein Gesamtkapitalwert von 592,76 und eine Annuität von 136,10. Die Annuitäten bleiben unverändert; die Projektreihenfolge ist nun gemäß Kapitalwertmethode und gemäß Annuitätenmethode die gleiche.

	$KW_0(n = 6)$	$a(n = 6)$
Projekt A	746,62	171,43
Projekt B	592,76	136,10

Teilaufgabe b):

Die optimale Nutzungsdauer kann durch einen vollständigen Kapitalwertvergleich ermittelt werden. Die Liquidationserlöse sind als Einzahlungsüberschüsse in der jeweiligen Periode zu erfassen. Für die drei möglichen Nutzungsdauern (n = 1, 2, 3) und einem Kalkulationszinsfuß von 10% ergibt sich:

$$KW_0^{n=1} = -1.500 + \frac{700 + 1.200}{1,1} = 227,27;$$

$$KW_0^{n=2} = -1.500 + \frac{700}{1,1} + \frac{800 + 1.000}{1,1^2} = 623,97;$$

$$KW_0^{n=3} = -1.500 + \frac{700}{1,1} + \frac{800}{1,1^2} + \frac{720 + 400}{1,1^3} = 638,99.$$

Die optimale Nutzungsdauer liegt bei drei Jahren, da der Kapitalwert hier maximal ist.

Teilaufgabe c):

Bei unendlich häufiger Wiederholung muss jedes Kettenelement die gleiche Nutzungsdauer aufweisen; jedes Kettenelement unterliegt den gleichen Bedingungen, da stets unendlich viele Projekte mit einer gleichen Verdrängungswirkung folgen. Die Ermittlung des Kapitalwertes der unendlichen Kette aus den Kapitalwerten der unendlich vielen Kettenelemente wäre rechentechnisch sehr aufwendig. Stattdessen kann man auch die Nutzungsdauer mit der maximalen Annuität wählen, denn bei unendlicher Laufzeit und stets gleicher Annuität muss die maximale Annuität auch zum maximalen Kapitalwert der unendlichen Kette führen. Es ergeben sich folgende Annuitäten:

$$a^{n=1} = 227,27; \quad a^{n=2} = 359,52; \quad a^{n=3} = 256,95.$$

Bei unendlich häufiger Wiederholung ist nun für alle Kettenelemente eine Nutzungsdauer von zwei Perioden optimal. Die Annuität beträgt 359,52 und der Kapitalwert der unendlichen Kette 3.595,24. Grund für die nun kürzere Nutzungsdauer ist die Verdrängungswirkung der folgenden Sachinvestitionen. Deren positiver Kapitalwert wird bei kürzerer Nutzungszeit früher realisiert, und der dadurch entstehende Zinseffekt bewirkt die Nutzungsdauerverkürzung um eine Periode.

Fall 33: Vollständige Finanzplanung

Der Beta GmbH liegen für ein Investitionsprojekt die folgenden Informationen vor. Die Anschaffungskosten in t0 betragen 100.000 EUR. Der Einzahlungsüberschuss beträgt in t1 - 21.000 EUR, in t2 17.970 EUR, in t3 60.250 EUR, in t4 38.750 EUR und in t5 26.500 EUR. Als eigene Mittel stehen für das Projekt in t0 54.000 EUR zur Verfügung. Ein Kredit wird mit einer endfälligen Tilgung zu einem Nominalwert von 30.000 EUR, mit einem Sollzinsfuß von 3,5 %, einem Disagio von 2 % und einer Laufzeit von 2 Jahren in t0 aufgenommen. Der Sollzinsfuß für eine Aufnahme von Kontokorrentkrediten liegt bei 4 % und der risikolose Habenzinsfuß bei 3 % (alle Zinsen fallen jährlich an).

Erstellen Sie einen vollständigen Finanzplan. Steuerliche Aspekte sind aus Vereinfachungsgründen zu vernachlässigen!

Lösungshinweise

Der Finanzplan hat folgendes Aussehen:

	0	1	2	3	4	5
Zahlungsstrom	-100.000	-21.000	17.970	60.250	38.750	26.500
Eigene Mittel	54.000					
Kredit mit End-tilgung						
Aufnahme	30.000					
Disagio 2%	-600					
Tilgung			-30.000			
Sollzinsen		-1.050	-1.050			
Kontokorrent-kredit						
Aufnahme	16.600	22.714	14.653			
Tilgung				-53.967		
Sollzinsen 4%		-664	-1.573	-2.159	0	0
Wiederanlage				-4.125	-38.874	-27.790
Habenzinsen 3%		0	0	0	124	1.290
Finanzierungs-saldo	0	0	0	0	0	0
Finanzbestand				4.125	42.999	70.788
Kredit mit Endtil-gung	30.000	30.000				
Kontokorrentkre-dit	16.600	39.314	53.967	0	0	0
Bestandssaldo	-46.600	-69.314	-53.967	4.125	42.999	**70.788**

Der Vermögensendwert beträgt 70.788 €. Die Investition ist somit vorteilhaft. Auch die direkte Anlage der eigenen Mittel zu 3 % wäre nicht vorteilhafter, da hieraus ein Endwert von (54.000 × 1,03^5 =) 62.601 € resultiert.

Fall 34: Investitionsrechnung auf unvollkommenen Kapitalmarkt

Die ABC GmbH hat vom DFB das Angebot erhalten, jährlich 10.000 Fußballtore für die Dauer von drei Jahren zu liefern. Bei Realisierung dieses Zusatzauftrags könnte aus Sicht der ABC GmbH ein Deckungsbeitrag von 187,20 € je Fußballtor erzielt werden. Bei der Kapazitätsprüfung stellt der Produktionsleiter jedoch zwei Engpässe fest: Zum einen reicht die Kapazität der Fertigungsstelle A lediglich für die Rohproduktion von 6.760 Toren aus, in der nachgelagerten Fertigungsstelle B können maximal 9.540 Tore zusammengesetzt und lackiert werden. Aufgrund dieser Umstände bestehen für die ABC GmbH folgende Handlungsmöglichkeiten:

i) Die Fertigungsstelle B auszulasten, wodurch jährlich (unter Berücksichtigung von Ausschuss) 9.536 Fußballtore geliefert werden können; dazu müsste allerdings aufgrund des Engpasses in der Fertigungsstelle A die Produktion von Handballtoren, die einen Deckungsbeitrag von 120,55 € je Tor erbringen, um 3.470 Tore jährlich reduziert werden.

ii) Die maximale Menge von jährlich 10.000 Fußballtoren zu liefern, was einerseits die Verdrängung von jährlich 4.050 Handballtoren und andererseits geringe Investitionen in der Fertigungsstelle B erfordert. Die notwendige Investition wird mit 36.000 € beziffert, kann linear über drei Jahre abgeschrieben und über ein Annuitätendarlehen zu 9% p.a. mit dreijähriger Laufzeit finanziert werden.

Der Gewinnsteuersatz der ABC GmbH, dessen Bemessungsbasis sich auf laufende Einzahlungsüberschüsse, Zinsen und Abschreibung gründet, beträgt 50%, eventuelle Mittelanlagen können zu 7% vorgenommen werden.

a) Ist die Investition in die Fertigungsstelle B in Alternative ii) gegenüber der Alternative i) vorteilhaft? Bedienen Sie sich zur Beantwortung dieser Frage eines vollständigen Finanzplans! Gehen Sie davon aus, dass die erforderlichen Produktionskapazitäten für die übrige Produktion konstant bleiben und dass alle Zahlungen – mit

Ausnahme der Anfangsinvestition in die Fertigungsstelle B – jeweils am Jahresende anfallen!

b) Der vollständige Finanzplan wird bei Zugrundeliegen eines unvollkommenen Kapitalmarktes angewandt. Welche Charakteristika sind kennzeichnend für einen unvollkommenen Kapitalmarkt?

Lösungshinweise

Teilaufgabe a):

Die Vorteilhaftigkeit einer Investition in Fertigungsstelle B und die Durchführung der Alternative ii) im Vergleich zu Alternative i) kann anhand der zusätzlichen jährlichen Deckungsbeiträge beurteilt werden:

Zusätzlicher Deckungsbeitrag bei Durchführung der Alternative i):

$$9.536 \text{ Tore} \cdot 187,20 \text{ €} - 3.470 \text{ Tore} \cdot 120,55 \text{ €} = 1.366.830,70 \text{ €}$$

Zusätzlicher Deckungsbeitrag bei Durchführung der Alternative ii):

$$10.000 \text{ Tore} \cdot 187,20 \text{ €} - 4.050 \text{ Tore} \cdot 120,55 \text{ €} = 1.383.772,50 \text{ €}$$

Bei Alternative ii) wird jährlich ein um 16.941,80 € höherer Deckungsbeitrag erzielt.

Der zusätzliche Deckungsbeitrag muss ausreichen, um den Kredit zur Durchführung der Investition in Höhe von 36.000 € zurückzuführen und die zusätzlichen Steuerzahlungen zu leisten.

Das Darlehen wir mit 9% verzinst und als Annuitätendarlehen zurückgezahlt. Daraus ergeben sich folgende jährliche Zahlungen:

$$\text{Annuität} = \frac{(1+i)^n \cdot i}{(1+i)^n - 1} \cdot \text{Darlehen} = \frac{1,09^3 \cdot 0,09}{1,09^3 - 1} \cdot 36.000 = 0,3950547 \cdot 36.000 = 14.221,97$$

147

Verdeutlichung durch einen vollständigen Finanzplan:

t	0	1	2	3
Investitionsauszahlung	-36.000,00			
Zusätzlicher Deckungsbeitrag		16.941,80	16.941,80	16.941,80
Annuität		-14.221,97	-14.221,97	-14.221,97
Sollzinsen (9%)		-3.240,00	-2.251,62	-1.174,29
Tilgung		10.981,97	11.970,35	13.047,68
Habenzinsen (7%)		0,00	130,83	231,64
Steuerzahlungen (50%)		-850,90	-1.410,51	-1.999,58
Saldo Kredit	36.000,00	25.018,03	13.047,68	0,00
Geldanlage		1.868,93	1.440,15	951,89
Saldo Geldanlage		1.868,93	3.309,08	**4.260,97**
Berechnung Steuerzahlung:				
Zusätzlicher Deckungsbeitrag		16.941,80	16.941,80	16.941,80
Habenzinsen		0,00	130,83	231,64
Sollzinsen		-3.240,40	-2.251,62	-1.174,29
Abschreibung		-12.000,00	-12.000,00	-12.000,00
Bemessungsgrundlage		1.701,80	2.821,01	3.999,15
Steuerzahlung (50%)		-850,90	-1.410,51	-1.999,58

Alternative ii (mit der Investition in Fertigungsstelle B) führt am Ende des dritten Jahres zu einem zusätzlichen Vermögen von 4.260,97 und sollte daher realisiert werden!

Teilaufgabe b):

In einem vollkommenen Kapitalmarkt kann in unbegrenzter Höhe und frei von Transaktionskosten Kapital zu einem einheitlichen Soll- und Habenzinssatz angelegt und aufgenommen werden. In einem unvollkommenen Kapitalmarkt dagegen können sich die Zinssätze für die Kapitalaufnahme und die Kapitalanlage unterscheiden. Außerdem können die Zinsen bei unterschiedlichem Kredit- oder Anlagevolumen variieren. Zudem werden Kreditbeschränkungen und Transaktionskosten auftreten.

Fall 35: Risikoanalyse

a) Gehen Sie davon aus, dass ein Unternehmen sich dazu entschlossen hat, seine Investitionen anhand ihrer Renditen zu beurteilen und dies konkret mit Hilfe von internen Zinssätzen bewerkstelligt.[1]

Die Unternehmensleitung ist sich bezüglich der künftigen Cashflows nicht sicher. Insbesondere kann nicht mit hinreichender Sicherheit gesagt werden, wie sich das Lohnniveau entwickeln wird. Aus diesem Grunde werden Experten befragt, die auf Anfrage mitteilen, dass der Lohnsatz künftig im Intervall zwischen 10 € und 12 € liegen wird, wobei ein Lohnsatz zwischen 10 € und 11 € doppelt so wahrscheinlich ist wie ein Lohnsatz zwischen 11 € und 12 €.

Unterstellen Sie aus Gründen der Bequemlichkeit, dass alle übrigen Komponenten der künftigen Cashflows und die heute zu leistende Investitionsausgabe vollkommen sicher sind.

Beschreiben Sie, wie man unter den beschriebenen Umständen eine Vorstellung von der Wahrscheinlichkeitsverteilung der Rendite bekommen kann.

b) Betrachten Sie die nachstehende Grafik. Sie sehen dort die Verteilungsfunktion der Kapitalwerte zweier Projekte. Gehen Sie davon aus, dass es mit keiner der beiden Investitionen möglich ist, Kapitalwerte zu realisieren, die kleiner als –500 € oder größer als 4500 € sind.

---

[1] Dass der interne Zinssatz als Beurteilungskriterium problematisch ist, soll hier keine Rolle spielen.

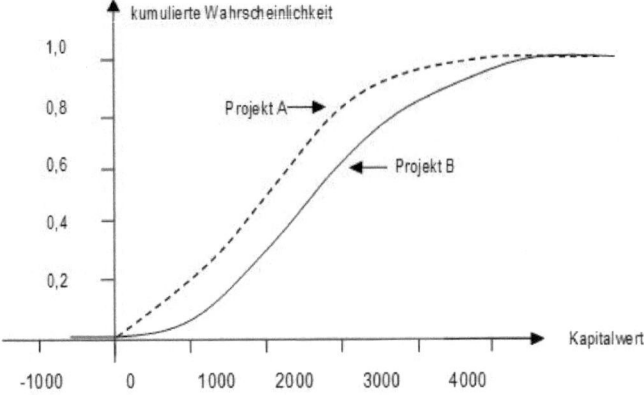

Konzentrieren Sie sich auf einen Kapitalwert von 2000. Was können Sie über die beiden Projekte sagen, wenn Sie diesen Kapitalwert ins Auge fassen?

c) Welches der beiden Projekte erscheint Ihnen vorteilhafter? Begründen Sie Ihre Antwort.

d) Wie würden Ihre Antwort und die entsprechende Begründung lauten, wenn sich die Verteilungsfunktionen (einmal) schneiden?

Lösungshinweise

Teilaufgabe a):

Die Wahrscheinlichkeitsverteilung gibt an, mit welcher Wahrscheinlichkeit die Zufallsgröße einen bestimmten Wert annimmt, bzw. da es sich hier um eine nahezu stetige Zufallsgröße handelt, mit welcher Wahrscheinlichkeit die Zufallsgröße in einem bestimmten Intervall liegt.

Da die Zufallsgröße „Lohnsatz" nur Ausprägungen im Intervall zwischen 10 € und 12 € annehmen kann und bekannt ist, dass die Wahrscheinlichkeit für einen Lohnsatz zwischen 10 € und 11 € doppelt so hoch ist wie für einen Lohnsatz zwischen 11 € und 12 €, muss gelten:

$$P(10\ €\leq X\leq 11\ €) = \frac{2}{3} \quad \text{und} \quad P(11\ €\leq X\leq 12\ €) = \frac{1}{3}.$$

Der Lohnsatz vermindert die Cashflows. Da alle anderen Variablen sicher sind, müssen die Cashflows innerhalb eines Intervalls von 2 € mit der obigen Gewichtung verteilt werden. Das heißt, die Wahrscheinlichkeitsfunktion der Cashflows verläuft innerhalb dieses Intervalls steigend, da der niedrigere Lohnsatz wahrscheinlicher ist.

Die Renditen als interne Zinssätze der Investitionen sind direkt mit den Cashflows verbunden. Je höher die Cashflows sind, desto höher fallen auch die Renditen aus. Wie groß die Wirkung der Schwankungen der Cashflows auf die Renditen ist, hängt von der Laufzeit der Investitionen ab. Die Wahrscheinlichkeitsfunktion der Renditen läuft auf einem Teilstück ebenfalls steigend, weil die Wahrscheinlichkeit für einen geringeren Lohnsatz und damit höhere Cashflows größer ist als für einen höheren Lohnsatz und niedrigere Cashflows.

Teilaufgabe b):

Die Verteilungsfunktion gibt die Wahrscheinlichkeit an, dass die Zufallsvariable X höchstens den Wert x annimmt.

Bei Projekt A ist die Wahrscheinlichkeit, dass der Kapitalwert einen Wert kleiner oder gleich 2000 annimmt, also P (X $\leq$ 2000), ungefähr 50%, bei Projekt B liegt diese Wahrscheinlichkeit bei ungefähr 30%.

Teilaufgabe c):

Projekt B erscheint vorteilhafter, da für jeden beliebigen Kapitalwert die Wahrscheinlichkeit bei Projekt B geringer ist, dass der Kapitalwert höchstens diesen Wert annimmt. Folglich ist die Wahrscheinlichkeit bei Projekt B stets größer, dass der Kapitalwert über diesem Wert liegt. Die Verteilungsfunktion von Projekt A verläuft steiler, was auf eine größere Häufigkeit der kleineren Werte und eine geringere Häufigkeit der größeren Werte hindeutet.

Teilaufgabe d):

Wenn sich die Verteilungsfunktionen schneiden würden, hätte dies zur Folge, dass für die Kapitalwerte oberhalb des Schnittpunkts die Wahrscheinlichkeit bei Projekt A höher wäre als bei Projekt B, dass der Kapitalwert über dem ausgewählten Wert liegt. Eine Vorteilhaftigkeitsbeurteilung ist dann nicht ohne weitere Prüfungen möglich. Die Verteilungsfunktion von Projekt A würde dann in Teilbereichen nicht mehr steiler verlaufen als die von Projekt B.

Fall 36: Entscheidungsbaumverfahren

Eine Ölgesellschaft besitzt Bohrrechte für ein Gelände. Es bestehen 3 mögliche Handlungsalternativen:

- Die Gesellschaft kann direkt eine Ölbohrung vornehmen (mittlerer Ast), die Bohrrechte verkaufen (unterer Ast) oder zunächst einen seismischen Test durchführen (oberer Ast).

- Nach Durchführung des seismischen Tests (mit Wahrscheinlichkeit von je 0,5 positiv bzw. negativ) kann wiederum über Bohrung oder den Verkauf von Rechten entschieden werden.

- Sofern nach Öl gebohrt wird, wird, je nach Szenario, mit den in Klammern gegebenen Wahrscheinlichkeiten Öl bzw. kein Öl gefunden.

In den Entscheidungsknoten ganz rechts sind die Barwerte aller Szenarien (bereits unter Berücksichtigung aller erforderlichen Auszahlungen) angegeben.

Bestimmen Sie die optimalen Entscheidungen in den Entscheidungsknoten I, II und III und geben Sie die optimale Entscheidungsfolge an.

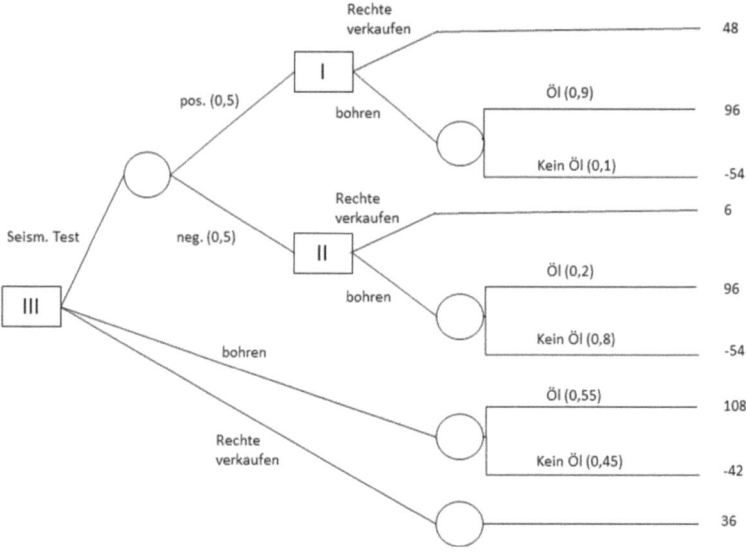

Lösungshinweise Entscheidungsbaumverfahren

Entscheidung in Knoten I:

Alternativen		Erwartungswerte
Rechte verkaufen		48
Bohren	$0,9 \times 96 + 0,1 \times -54 =$	**81**

Entscheidung für Bohren in Knoten I.

Entscheidung in Knoten II:

Alternativen		Erwartungs-werte
Rechte verkaufen		**6**
Bohren	$0,2 \times 96 + 0,8 \times -54 =$	-24

Entscheidung für Rechte verkaufen in Knoten II.

Entscheidung in Knoten III:

Alternativen		Erwartungs-werte
Seism. Test	$0,5 \times 81 + 0,5 \times 6 =$	**43,5**
Bohren	$0,55 \times 108 + 0,45 \times -42 =$	40,5
Rechte verkaufen		**36**

Entscheidung für seism. Test in Knoten III.

Entscheidung insgesamt: Die Ölgesellschaft sollte sich zunächst in Knoten II für eine seismischen Test entscheiden. Fällt dieser positiv aus (Knoten I) sollte sie eine Bohrung durchführen; falls der seismische Test negativ ausfällt (Knoten II), sollten die Rechte verkauft werden.

Fall 37: Entscheidungsbaumverfahren

Ein Investor verfügt über einen Geldbetrag von 1.000 €; ihm stehen die folgenden Anlagemöglichkeiten zur Verfügung:

- Zu Beginn jeder Periode kann ein beliebiger Betrag über eine Periode zum sicheren Zins von 10 % angelegt werden.

- Zu Beginn der ersten Periode kann ein Betrag von 1.000 € in eine unsichere Anlage investiert werden; mit einer Wahrscheinlichkeit von jeweils 50 % wird eine Rendite von 20 % bzw. von 0 % erwirtschaftet. Zu Beginn der Folgeperiode kann die Investition beendet werden, weitere Zahlungen fallen dann nicht an. Die Anlage kann aber auch fortgeführt werden, d.h. bei erneuter Investition von 1.000 € wird wiederum alternativ eine Rendite von 20 % oder 0 % erzielt. Die Wahrscheinlichkeit einer hohen oder niedrigen Rendite hängt jedoch von der Rendite in der ersten Periode ab. Ist die Vorperiode günstig verlaufen, so ist die Wahrscheinlichkeit der hohen Rendite 75 % (der niedrigen Rendite 25 %); ist die Vorperiode ungünstig verlaufen, so ist die Wahrscheinlichkeit der niedrigen Rendite 75 % (der hohen Rendite 25 %).

a) Formulieren Sie sämtliche Anlagestrategien, die dem Investor offen stehen.

b) Verdeutlichen Sie die Situation mit Hilfe eines Entscheidungsbaums.

c) Lösen Sie das Entscheidungsproblem mit Hilfe des Roll-Back-Verfahrens; unterstellen Sie, dass der Investor das Erwartungswert-Kriterium anwendet.

Lösungshinweise

Teilaufgabe a):

Die Anlagestrategien des Investors sind:

1. Anlage zum sicheren Zins über zwei Perioden;

2. unsichere Anlage in beiden Perioden, falls in der ersten Periode das günstige Ergebnis eintritt;

3. unsichere Anlage in der ersten Periode und sichere Anlage in der zweiten Periode, falls in der ersten Periode das günstige Ergebnis eintritt;

4. unsichere Anlage in beiden Perioden, falls in der ersten Periode das ungünstige Ergebnis eintritt;

5. unsichere Anlage in der ersten Periode und sichere Anlage in der zweiten Periode, falls in der ersten Periode das ungünstige Ergebnis eintritt.

Teilaufgabe b):

Die Situation lässt sich mit Hilfe des folgenden Entscheidungsbaums verdeutlichen.

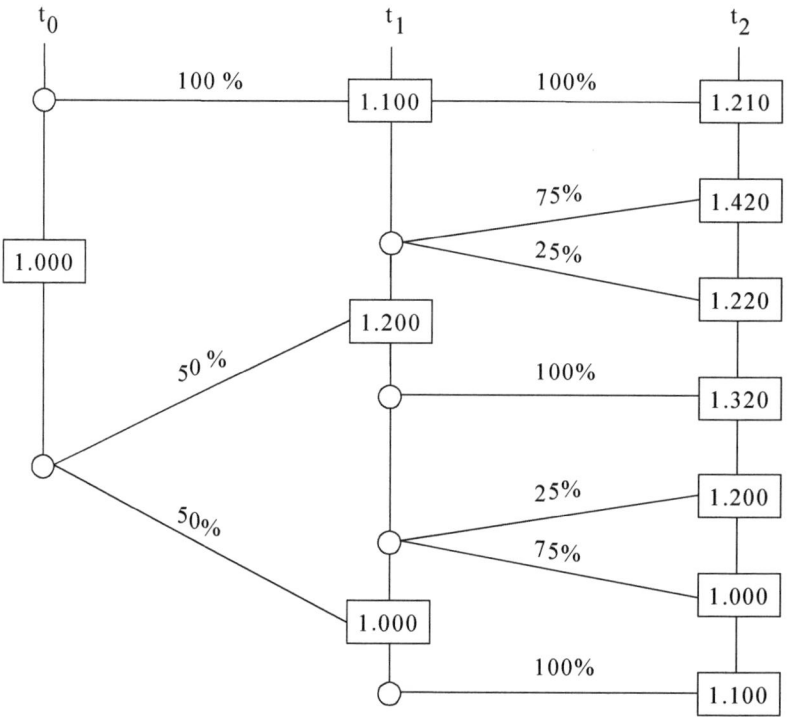

Dabei sind Zustände durch Rechtecke und darin eingetragene Geld-beträge gekennzeichnet. Entscheidungsalternativen werden durch Kreise markiert, aus denen sich wiederum neue Zustände entwickeln. An den Verbindungslinien zwischen Entscheidungsmöglichkeiten und neuen Zuständen sind die bedingten Wahrscheinlichkeiten vermerkt, mit denen die neuen Zustände eintreten.

Teilaufgabe c):

Der Entscheidungsbaum verdeutlicht, dass, falls bei Realisation der unsicheren Anlage in der ersten Periode das günstige Ergebnis eintritt, in der zweiten Periode wiederum die unsichere Anlage gewählt werden sollte. Dann nämlich ergibt sich zum Ende der zweiten Periode ein Erwartungswert von 1.370; dieser Betrag ist höher als das Ergebnis bei der sicheren Anlage von 1.320. Erbringt die unsichere Anlage in der ersten Periode dagegen das ungünstige Ergebnis, so sollte in der zweiten Periode die sichere Anlage gewählt werden; dies führt zum Ende der zweiten Periode zu 1.100, also zu einem Betrag, der höher ist als der Erwartungswert bei der unsicheren Folgeanlage von 1.050. Es ist also nicht sinnvoll, die Handlungsabfolge über zwei Perioden sogleich zum Startzeitpunkt t_0 festzulegen; man sollte vielmehr mit der Entscheidung über die Folgehandlung solange warten, bis das Ergebnis der ersten Periode festliegt (flexible Planung). Damit sind (bei Anwendung des Erwartungswert-Kriteriums) drei Handlungsabfolgen gegeneinander abzuwägen:

1. sichere Anlage über zwei Perioden;

2. unsichere Anlage in der ersten Periode und, bei günstigem Ergebnis, unsichere Anlage in der Folgeperiode;

3. unsichere Anlage in der ersten Periode und, bei ungünstigem Ergebnis, sichere Anlage in der Folgeperiode.

Nach dem Roll-Back-Verfahren wird für jeden Entscheidungszeitpunkt die optimale Entscheidung unter der Voraussetzung festgelegt, dass für alle nachfolgenden Stufen die optimale Entscheidung für jeden möglichen Zustand bekannt ist. Da für jeden Zustand am Ende der ersten Periode die optimale Folgeentscheidung fixiert ist, kann nun die Starthandlung optimiert werden: Die unsichere Anlage in der ersten Periode hat einen Erwartungswert von $0{,}5 \cdot 1.370 + 0{,}5 \cdot 1.100 = 1.235$ und ist deshalb nach dem Erwartungswert-Kriterium der sicheren Anlage über zwei Perioden mit einem Ergebnis von 1.210 vorzuziehen.

159

Fall 38: Investitionsprogrammplanung (Dean Modell)

Bei einem Immobilienunternehmen können folgende 4 Objekte gebaut werden, die bei Verkauf zu den angegebenen Zahlungen führen (in T€):

	Objekt 1	Objekt 2	Objekt 3	Objekt 4
t0	-1.000	-2.000	-1.500	-500,00
t1	1.100,00	2.160	1.725	625,00

Für die Finanzierung der Objekte stehen folgende Alternativen zur Verfügung:

	Angebot 1	Angebot 2	Angebot 3	Angebot 4
Max. Betrag	2.000,00	500,00	2.000,00	3.500,00
Effektivzinssatz	5%	8%	10%	15%

a) Ermitteln Sie anhand des DEAN-Modells das optimale Objektportfolio! Berechnen Sie hierfür zunächst die internen Zinsfüße der Objekte.

b) Führt das DEAN-Modell zum selben Investitionsportfolio, wenn das Finanzierungsangebot 3 nur mit einem Effektivzinssatz von 11 % bzw. 13 % möglich ist?

c) Bewerten Sie das DEAN-Modell, indem Sie drei wichtige Kritikpunkte anführen.

Lösungshinweise

Teilaufgabe a):

Zunächst sind die Renditen (interne Zinsfüße) für die Investitionsobjekte mit nachfolgender Formel zu berechnen.

$$r = \frac{Einzahlung\ (in\ t = 1)}{Auszahlung\ (in\ t = 0)} - 1$$

Somit ergeben sich folgende Renditen (interne Zinsfüße) für die Investitionsobjekte:

	Objekt 1	Objekt 2	Objekt 3	Objekt 4
Auszahlung (t = 0)	-1.000	-2.000	-1.500	-500,00
Einzahlung (t = 1)	1.100,00	2.160	1.725	625,00
Rendite	**10,00%**	**8,00%**	**15,00%**	**25,00%**
Rangfolge	**3**	**4**	**2**	**1**

Geordnet nach fallenden Renditen ergibt sich folgende Reihenfolge der Investitionsobjekte:

Investitions-objekt	Rendite	Kapitalbedarf	Kapitalbedarf kumuliert
Objekt 4	25%	500	500
Objekt 3	15%	1.500	2.000
Objekt 1	10%	1.000	3.000
Objekt 2	8%	2.000	5.000

Die Finanzierungsangebote werden nach steigenden Effektivzinssätzen (interne Zinsfüße) geordnet. Es ergibt sich folgende Reihenfolge:

Finanzierungsange-bot	Zinssatz	Kapitalbetrag	Kapitalbetrag kumuliert
Angebot 1	5%	2.000	2.000
Angebot 2	8%	500	2.500
Angebot 3	10%	2.000	4.500
Angebot 4	15%	3.500	8.000

Die Investitionsobjekte 4 und 3 besitzen jeweils eine Rendite (mit 25 % bzw. 15 %), die höher ist, als der größte Effektivzinssatz. Daher werden diese Objekte auf jeden Fall realisiert. Beide Objekte zusammen haben einen Kapitalbedarf von 2.000. Diese beiden Objekte werden durch das Finanzierungsangebot 1 finanziert, welches genau den benötigten Kapitalbedarf abdeckt.

Objekt 1 mit einem zusätzlichen Kapitalbedarf in Höhe von 1.000 weist eine Rendite von 10 % und kann zum Teil (50% = 500) durch das Finanzierungsangebot 2 mit einem Effektivzinssatz von 8 % finanziert werden. Der restliche Kapitalbedarf (50% = 500) wird durch Angebot 3 finanziert mit einem Effektivzinssatz von 10 %. Da die gewichteten Kapitalkosten in Höhe von (0,5 × 8 % + 0,5 × 10 % =) 9 % geringer sind, als die Rendite des Objektes 1 (10 %), wird auch Objekt 1 realisiert.

Objekt 2 besitzt nur eine Rendite von 8%, müsste aber durch das Finanzierungsangebot 3 finanziert werden. Allerdings ist der Effektivzinssatz von Finanzierungsangebot 3 mit 10 % bereits höher als die Rendite von Objekt 2 (8 %), so dass Objekt 2 nicht realisiert wird.

Teilaufgabe b):

Sollzinssatz von Angebot 3 = 11 %

Finanzierungsange-bot	Zinssatz	Kapitalbetrag	Kapitalbetrag kumuliert
Angebot 1	5%	2.000	2.000
Angebot 2	8%	500	2.500
Angebot 3	**11%**	2.000	4.500
Angebot 4	15%	3.500	8.000

Die gewichteten Kapitalkosten für Objekt 1 betragen nun (0,5 × 8 % + 0,5 × 11 % =) 9,5 %, und somit immer noch niedriger als Rendite des Objektes 1 (10 %). Somit wird auch in diesem Fall Objekt 1 (neben Objekt 4 und Objekt 3) realisiert.

Sollzinssatz von Angebot 3 = 13 %

Finanzierungsange-bot	Zinssatz	Kapitalbetrag	Kapitalbetrag kumuliert
Angebot 1	5%	2.000	2.000
Angebot 2	8%	500	2.500
Angebot 3	**13%**	2.000	4.500
Angebot 4	15%	3.500	8.000

Die gewichteten Kapitalkosten für Objekt 1 betragen nun (0,5 × 8 % + 0,5 × 13 % =) 10,5 %, und somit nun höher als Rendite des Objektes 1 (10 %). Somit wird nun Objekt 1 nicht realisiert, d.h. es werden lediglich die Objekt 4 und Objekt 3 durchgeführt.

Teilaufgabe c):

Kritikpunkte am Dean-Modell:

Bezüglich der Liquidität ist nur sichergestellt, dass die Zahlungsbereitschaft in t = 0 gewahrt wird. Für den restlichen Planungszeitraum kann keine Aussage getroffen werden.

Das Dean-Modell ist ein einperiodiges Modell, die meisten Investitionsobjekte laufen jedoch über mehrere Perioden. Im Mehrperiodenfall ist der interne Zinsfuß als Rangordnungskriterium nicht geeignet. Im Mehrperiodenfall besteht durch die Wiederanlageprämisse des internen Zinssatzes die Gefahr einer Fehlentscheidung.

Die unterstellte Unabhängigkeit von Kapitalkosten und Kapitalverwendung ist nicht immer gegeben; ebenso wird angenommen, dass zwischen den Investitionsobjekten keine Abhängigkeiten bestehen und somit separat über jedes Objekt entschieden werden kann.

Fall 39: Residualgewinne

Eine Unternehmung möchte eine Entscheidung über den Erwerb einer Produktionsanlage treffen. Die Nutzungsdauer beträgt T = 5 Perioden. Die Anschaffungskosten lauten I = 250.000 Euro und werden am Beginn der ersten Periode gezahlt. Die Anlage kann zwischenzeitlich nicht veräußert werden und ist am Ende der Periode t = 5 wertlos. In der Kostenrechnung wird die Anlage linear abgeschrieben. Lagerbestände werden zu voll zahlungswirksamen variablen Kosten bewertet, und es wird für die Lagerzugänge und -abgänge das LOFO-Verfahren angewendet.

Auf der Anlage können in jeder Periode 5.000 Einheiten eines Produktes hergestellt werden. Der Verkaufspreis beträgt 60 Euro pro Stück in jeder Periode. In Periode t = 1, 2 betragen die voll zahlungswirksamen variablen Kosten 40 Euro pro Stück. Aufgrund von Verschleißeffekten steigen die variablen Kosten in Periode t = 3, 4, 5 auf 50 Euro pro Stück. Die AGB sehen bei Lieferungen auf Ziel eine Anzahlung in Höhe von 50% des Auftragswertes vor, der zum Ende der Bestellperiode auf dem Firmenkonto eingehen muss. Das Unternehmen rechnet mit folgender sicherer Auftragsentwicklung:

Periode 1: Absatz 5.000 Stück an die XY AG, Zahlung sofort.

Periode 2: Absatz 1.000 Stück an die XY AG, Zahlung sofort, Bestellung von 4.000 Stück durch die AB GmbH, Liefertermin: Ende Periode 4.

Periode 3: Absatz 1.000 Stück an die XY AG, Zahlung sofort, Bestellung von 4.000 Stück durch die AB GmbH, Liefertermin: Ende Periode 5.

Periode 4: Absatz 5.000 Stück an die XY AG, Zahlung sofort.

Periode 5: Absatz 5.000 Stück an die XY AG, Zahlung sofort.

Der Kalkulationszinsfuß beträgt in jeder Periode i = 10%.

a) Berechnen Sie die Zahlungsreihe des Projektes. Ist die Investition vorteilhaft?

b) Berechnen Sie die Periodenerfolge und den Barwert der Reihe der Periodenerfolge. Wie lautet die Investitionsentscheidung, wenn die Entscheidung auf Basis dieser Werte getroffen wird? Diskutieren Sie den auftretenden Effekt anhand der Abschreibung.

c) Verwenden Sie nun Residualgewinne als Basis für die Bestimmung der Vorteilhaftigkeit des Projektes. Wie lautet jetzt die Investitionsempfehlung (Berechnungen sind verlangt)? Erläutern Sie, was man unter Kapitalbindung, Kongruenzprinzip und Lücke-Theorem versteht.

Lösungshinweise

Teilaufgabe a):

Da maximal 5.000 Stück pro Periode produziert werden können, müssen die Bestellungen stets in der Bestellperiode produziert werden.

Zahlungsreihe:

	t = 0	t = 1	t= 2	t = 3	t = 4	t = 5
Absatzmenge		5.000	1.000	1.000	5.000	5.000
Einzahlung		300.000	60.000	60.000	300.000	300.000
Vorbestellungen			4.000	4.000		
Einzahlung (Anz. 50%)			120.000	120.000		
Absatz Vorbestellungen					4.000	4.000
Einzahlung (Rest. 50%)					120.000	120.000
Einzahlungen E$_t$		**300.000**	**180.000**	**180.000**	**420.000**	**420.000**
Produzierte Menge		5.000	5.000	5.000	5.000	5.000
Produktionskosten		200.000	200.000	250.000	250.000	250.000
Investitionskosten	250.000					
Auszahlungen A$_t$	**250.000**	**200.000**	**200.000**	**250.000**	**250.000**	**250.000**
EZÜ: EÜ$_t$ = E$_t$ - A$_t$	**- 250.000**	**100.000**	**- 20.000**	**- 70.000**	**170.000**	**170.000**

Kapitalwert:

$$K_0 = \frac{100.000}{1{,}1} + \frac{-20.000}{(1{,}1)^2} + \frac{-70.000}{(1{,}1)^3} + \frac{170.000}{(1{,}1)^4} + \frac{170.000}{(1{,}1)^5} - 250.000 = -6.542{,}96$$

Die Investition ist nicht vorteilhaft, da der Kapitalwert negativ ist.

Teilaufgabe b):

	t = 0	t = 1	t = 2	t = 3	t = 4	t = 5
Umsatz (n. vorbestellt)		300.000	60.000	60.000	300.000	300.000
Umsatz (vorbestellt)					240.000	240.000
Bestandserhöhung			160.000	210.000	-170.000	-200.000
Erträge Ert$_t$		**300.000**	**220.000**	**270.000**	**370.000**	**340.000**
Abschreibungen		50.000	50.000	50.000	50.000	50.000
Materialaufwand		200.000	200.000	250.000	250.000	250.000
Aufwendungen Auf$_t$		**250.000**	**250.000**	**300.000**	**300.000**	**300.000**
Gew.: G$_t$ = Ert$_t$ – Auf$_t$	**0**	**50.000**	**-30.000**	**-30.000**	**70.000**	**40.000**

Kapitalwert:

$$K_0 = \frac{50.000}{1,1} + \frac{-30.000}{(1,1)^2} + \frac{-30.000}{(1,1)^3} + \frac{70.000}{(1,1)^4} + \frac{40.000}{(1,1)^5} = 70.769,51$$

Der Kapitalwert der Reihe der Periodenerfolge ist positiv, so dass die Investition auf Basis dieser Werte als vorteilhaft beurteilt wird.

Die Differenz zum Kapitalwert der Zahlungsreihe beträgt

70.769,51 + 6.542,96 = 77.312,47.

Die Differenz beruht auf Zinseffekten, die daraus resultieren, dass die Zahlungen und die Periodenerfolge nicht in denselben Perioden anfallen.

Die Differenz beruht, neben der unterschiedlichen Behandlung der Bestellungen und der 50%igen Anzahlungen, im Wesentlichen auf der Abschreibung der Produktionsanlage. Die Auszahlung in Höhe von 250.000 Euro für den Kauf der Anlage fällt in t = 0 an, während die Aufwendungen durch Aktivierung und Abschreibung der Anlage über die Nutzungsdauer verteilt werden (50.000 Euro pro Periode).

$$K_0^{Zahlungsreihe} = -250.000$$

$$K_0^{Erfolgsreihe} = \frac{-50.000}{1,1} + \frac{-50.000}{(1,1)^2} + \frac{-50.000}{(1,1)^3} + \frac{-50.000}{(1,1)^4} + \frac{-50.000}{(1,1)^5} = -189.539,34$$

=> Differenz: 60.460,66.

Teilaufgabe c):

Die Residualgewinngröße berechnet sich wie folgt:

$$RG_t = G_t - i \cdot KB_{t-1}$$

KB_t bezeichnet dabei die **Kapitalbindung**, also das durch die Investition zum Zeitpunkt t gebundene Kapital. Sie berechnet sich als Differenz der bis zum Zeitpunkt t kumulierten Gewinne und der kumulierten Zahlungsüberschüsse:

$$KB_t = \sum_{\tau=0}^{t}(Ert_\tau - Auf_\tau) - \sum_{\tau=0}^{t}(E_\tau - A_\tau) = KB_{t-1} + G_t - E\ddot{U}_t \, ,$$

wobei $KB_{-1} = 0$, t = 0,...,5.

Zur Ermittlung der Residualgewinngröße werden auf das durch die Investition gebundene Kapital kalkulatorische Zinsen berechnet.

	t = 0	t = 1	t = 2	t = 3	t = 4	t = 5
G_t	0	50.000	- 30.000	- 30.000	70.000	40.000
KB_t	250.000	200.000	190.000	230.000	130.000	0
$i \cdot KB_{t-1}$	0	25.000	20.000	19.000	23.000	13.000
$RG_t = G_t - i \cdot KB_{t-1}$	**0**	**25.000**	**- 50.000**	**- 49.000**	**47.000**	**27.000**

Kapitalwert:

$$K_0 = \frac{25.000}{1,1} + \frac{-50.000}{(1,1)^2} + \frac{-49.000}{(1,1)^3} + \frac{47.000}{(1,1)^4} + \frac{27.000}{(1,1)^5} = -6.542,96$$

Da der Kapitalwert negativ ist, sollte die Investition nicht durchgeführt werden.

Der Kapitalwert der Residualgewinne stimmt mit dem Kapitalwert der Einzahlungsüberschüsse überein. Dieser Zusammenhang wird als **Lücke-Theorem** bezeichnet. Diese Beziehung gilt jedoch nur, wenn über die Totalperiode die Summe der Gewinne der Summe der Einzahlungsüberschüsse entspricht (**Kongruenzprinzip**). Diese Anforderung ist hier erfüllt.

Fall 40: Residualgewinne

Die Investition in eine neue Anlage erfordert eine Investitionsausgabe zum Zeitpunkt t=0 von 1.000. Im Verlauf der anschließenden 4 Jahre t=1 bis t=4 fallen die folgenden Zahlungsströme an:

Zeitpunkt t	0	1	2	3	4
Einzahlung		200	600	1.200	1.500
Auszahlung	1.000	800	300	200	100

Der Kalkulationszinssatz beträgt 10% pro Jahr.

a) Berechnen Sie den Kapitalwert der Investition auf Basis der Zahlungsströme.

b) Die Anlage soll über die Jahre t=1 bis t=4 linear abgeschrieben werden. Ermitteln Sie den Residualgewinn jedes Jahres, indem Sie den Periodengewinn um kalkulatorische Zinsen auf den Kapitalbestand der Vorperiode verringern. Wie hoch ist der Kapitalwert der Investition auf Basis der Residualgewinne?

c) Nehmen Sie alternativ an, dass die Anlage nur über die zwei Jahre t=1 bis t=2 linear abgeschrieben werden soll. Wie hoch ist nun der Kapitalwert der Investition auf Basis der Residualgewinne?

d) Vergleichen Sie die Ergebnisse der Teilaufgaben a) bis c). Welche Erkenntnisse lassen sich aus diesem Vergleich gewinnen? Diskutieren Sie vor diesem Hintergrund die Eignung von residualgewinnbasierten Performance maßen für die Unternehmenssteuerung.

Lösungshinweise Residualgewinne

Teilaufgabe a):

Der nachfolgende Einzahlungsüberschuss

Zeitpunkt t	0	1	2	3	4
Einzahlungsüberschuss	−1.000	−600	300	1.000	1.400

ist zum Kalkulationszinsfuß von 10% in einen Barwert umzurechnen. Es ergibt sich ein Kapitalwert in Höhe von 410,01.

Teilaufgabe b):

Der Residualgewinn einzelner Jahre ergibt sich aus dem jeweiligen Jahresgewinn abzüglich Zinsen auf das periodenspezifisch gebundene Kapital. Der Jahresgewinn ist Einzahlungsüberschuss minus Abschreibung. Das periodisch gebundene Kapital entspricht in der ersten Periode der Investitionsausgabe. Die nachfolgenden Kapitalbindungen errechnen sich allgemein, indem man von der Kapitalbindung der Vorperiode die Kapitalfreisetzung zum Ende der Vorperiode (die Differenz aus Einzahlungsüberschuss und Gewinn der Vorperiode) subtrahiert. Im vorliegenden Fall ist die Kapitalfreisetzung gleich der Periodenabschreibung. Es ergibt sich:

Zeitpunkt t	0	1	2	3	4
Einzahlungsüberschuss	− 1.000	− 600	300	1.000	1.400
Abschreibung		250	250	250	250
Gewinn		− 850	50	750	1.150
Gebundenes Kapital		1.000	750	500	250
Zinsen		100	75	50	25
Residualgewinn		− 950	− 25	700	1.125

Der zu 10% berechnete Barwert der Residualgewinn beträgt 410,01.

Teilaufgabe c):

Eine der Teilaufgabe b) entsprechende Rechnung führt zu:

Zeitpunkt t	0	1	2	3	4
Einzahlungsüberschuss	−1.000	−600	300	1.000	1.400
Abschreibung		500	500	0	0
Gewinn		−1.100	−200	1.000	1.400
Gebundenes Kapital		1.000	500	0	0
Zinsen		100	50	0	0
Residualgewinn		−1.200	−250	1.000	1.400

Der zu 10% berechnete Barwert der Residualgewinn beträgt ebenfalls 410,01.

Teilaufgabe d):

Die Barwerte der Residualgewinne stimmen mit dem unter a) ermittelten investitionstheoretischen Kapitalwert überein. Dies gilt allgemein, wenn (Lücke-Theorem):

bei den diskontierten Residualgewinnen Zinsen auf das periodenspezifisch gebundene (Gesamt-)Kapital abgezogen wurden,

die Summe aller Einzahlungsüberschüsse gleich der Summe aller Periodengewinne (vor Zinsabzug) ist (Kongruenzprinzip).

Sind diese Voraussetzungen erfüllt, dann sind weitere Grundsätze der Gewinnermittlung, insbesondere das Abschreibungsverfahren, ohne Bedeutung.

Ist der Residualgewinn Basis der Prämienbemessung für Manager, so verändert sich der Barwert der Prämien proportional mit dem Kapitalwert der Investitionen, die der Manager initiiert. Da der Kapitalwert den geschaffenen Vermögensmehrwert wiedergibt, wird so Kompatibilität zwischen den Interessen der (im Sinne der Unternehmenseigner handelnden) Unternehmenszentrale und den Interessen dezentraler Entscheidungsinstanzen geschaffen.

Allerdings setzt diese Anreizkompatibilität voraus, dass die Diskontierungssätze auf beiden Seiten übereinstimmen. Doch könnten diese Sätze wegen divergierender Risikoeinstellung auseinanderfallen. Zudem könnten dezentrale Entscheider ein baldiges Ausscheiden aus der Unternehmung für möglich halten und daher spätere Gewinne unberücksichtigt lassen oder geringer gewichten (stärkere Abzinsung).